엄마,
힘들 땐 울어도 괜찮아

KI신서 3878

엄마, 힘들 땐 울어도 괜찮아(개정증보판)

1판 1쇄 발행 2004년 3월 10일
1판 39쇄 발행 2011년 12월 5일
개정증보판 20쇄 발행 2026년 1월 27일

지은이 김상복 **일러스트** 장차현실
펴낸이 김영곤 **펴낸곳** (주)북이십일 21세기북스
영업팀 정지은 한충희 장철용 남정한 나은경 강경남 황성진 김도연 이정은
제작 이영민 권경민
출판등록 2000년 5월 6일 제406-2003-061호
주소 (우 10881) 경기도 파주시 회동길 201 (문발동)
대표전화 031-955-2100 **팩스** 031-955-2151 **이메일** book21@book21.co.kr

(주)북이십일 경계를 허무는 콘텐츠 리더

21세기북스 채널에서 도서 정보와 다양한 영상자료, 이벤트를 만나세요!
유튜브 youtube.com/book21pub 블로그 blog.naver.com/21c_editors
인스타그램 instagram.com/jiinpill21 홈페이지 www.book21.com

ISBN 978-89-509-3634-1 07810
책값은 뒤표지에 있습니다.

나와 엄마아빠를 바꾼 몰래 쓴 칭찬일기

엄마, 힘들땐 울어도 괜찮아

김상복 지음 | 장차현실 그림

21세기북스
www.book21.com

인천의 어느 두 중학교 학생들이 몰래 부모님을 칭찬한 후 그 내용을 네 줄짜리 일기로 썼습니다.
이 책은 그 학생들의 다듬어지진 않았지만 솔직한 네 줄짜리 칭찬일기를 토대로 만들어졌습니다.
학생들과 부모들이 느꼈던 그 감동이 이 책의 독자들께 생생히 전달되었으면 하는 바람이 이 책의 마음입니다.
두 중학교 학생들의 몰래 쓴 칭찬일기장에 여러분을 초대합니다.

밀리언셀러인 ≪칭찬은 고래도 춤추게 한다≫의 후속 기획으로 2004년 출간된 ≪엄마, 힘들 땐 울어도 괜찮아≫는 지난 8년 동안 독자들의 꾸준한 사랑을 받아왔다. 여러 독서 단체에서 필독도서로 선정되었고 독서 모임에서 독서 토론을 진행하기도 하였다. 한번 책을 읽은 사람은 다른 사람에게 적극 추천하기를 주저하지 않았다.

덕분에 나도 각계각층에서 칭찬 특강 초청을 받아 꾸준히 활동하고 있다. 무너져가는 가정과 사회가 회복되었으면 하는 바람으로 탄생된 이 책을 읽고 독자들이 깊은 감동에 젖어 울었고, 나의 특강을 들으며 청중들은 칭찬의 매력에 빠져 울었다.

'칭찬의 감동'은 개인의 마음을 안정시키는 것뿐만 아니라 가정과 공동체도 변화시켰다. 세상을 변화시키는 완벽한 방법은 없어도 최선의 방법은 있는데 그 방법이 바로 칭찬이었다.

칭찬은 칭찬을 시작하는 사람의 눈과 입을 긍정적으로 만든다. 긍정의 눈과 입에서 흘러나오는 칭찬이라는 생명수가 적셔지는 곳마다 굳어 있던 땅이 부드러워지고 메마른 뿌리가 생기를 품는다. 줄기에 붙어 있던 어린 가지

들도 칭찬의 바람에 춤을 추며 흔들거린다. 공동체 나무가 칭찬수(水)를 먹고 마시며 무럭무럭 자라고 기쁨의 노래를 부른다.

개정증보판을 내면서 칭찬의 샘은 더욱 깊어졌다. 깊은 샘에서 터져 나오는 칭찬수가 이제는 더 넓은 세상을 적시고 푸르게 만들 것을 기대해본다.

그동안 지속적인 관심과 사랑으로 칭찬의 지경을 넓힐 수 있게 후원해주신 21세기북스의 김영곤 사장님께도 진심으로 감사드린다.

2012년 3월 10일

김상복

"아빠의 뒷모습이 참 든든해요"

나는 현재 중학교(인천 검단중학교)에서 도덕을 가르치고 있는 19년 경력의 중견교사다. 어느 날 같은 학교 동료 교사 한 분이 고등학생인 아들과 대화하기 위해 최근 베스트셀러를 사서 읽고 있다고 하면서 말을 꺼내셨다.

며칠 전에 아들이 "아빠의 뒷모습이 참 든든해요" 하고 등 뒤에서 던진 한 마디 말을 듣고는, 자식에게 멋있는 아빠의 모습을 보여주지도 못했는데, 떳떳하게 자랑할 만하게 살아온 아빠의 모습도 아닌데, 많은 시간을 내주지도 못하고 그저 마음뿐이었는데 저렇게 훌륭하게 자라준 아들이 너무 고마웠다고 한다. 그리고 지금까지 살아오면서 겪어야 했던 가슴 아팠던 일들이 떠올라 부부가 밤을 새워 이야기하며 울고 웃었다는 것이다.

이전까지만 해도 아들이 아직도 철이 없어 보이고 어린애 같고, 가끔 투정을 부릴 때면 저 녀석이 부모의 마음을 언제나 알랴 싶었는데, 부족하지만 부모를 부모로 인정하고 감사해 하는 아들 녀석의 의젓한 말 한 마디가 얼마나 고마웠는지 잠을 한숨도 못 잤다는 것이다.

자녀도 부모를 칭찬할 수 있다!

자녀의 말 한 마디가 이렇게 부모를 감동시키고 부모의 행동을 변화시켜서 자녀의 눈높이로 다가갈 수 있게 한다는 것을 보고 나는 신선한 충격과 도전을 받았다.

그래서 이 사례를 학생들에게 적용해서 우리 학생들도 부모님께 감동을 줄 수 있도록 지도하고 싶었다.

먼저 교과서의 내용이나 효(孝)와 관련된 많은 책들을 살펴보았고, 인터넷을 통해 효에 관한 프로그램을 살펴보았지만 '그래, 이것이다' 라고 할 만한 프로그램은 찾아볼 수가 없었다.

내용들이 대체로 자녀로서 당연히 해야 할 의무적인 것들이요, 어려서부터 수없이 들어온 내용들이었고, 어버이날을 맞이하여 치르는 일과성 행사가 대부분이었다.

아이들에게 "부모님을 칭찬해본 사람 손들어 봐요" 했더니 아이들이 막 웃으면서 하는 말이 "아니, 어떻게 부모님을 칭찬해요? 부모님이 칭찬하시고 우리가 칭찬을 받아야죠" 하는 것이었다.

그래서 동료 선생님의 이야기를 들려주면서 말했다.

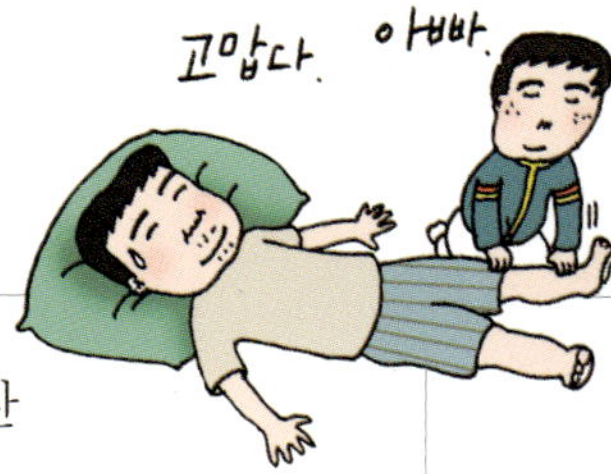

"부모님들도 너희들처럼 칭찬을 듣고 싶어 하시고 칭찬을 들으면 기분이 좋아서 뭔가 달라지실 거야."

"우리 부모님은 절대로 변하지 않아요. 우리 집은 안돼요."

학생들의 일관된 대답이었다.

"그럼, 우리 한번 시험 삼아 부모님을 칭찬해보자."

과제를 주면서 다음 시간에 부모님의 반응이 어땠는지, 어떤 어려움이 있었는지를 발표하기로 하였다. 칭찬을 해보고 난 후의 학생들의 반응에는 '처음 하는 일이라 당황스럽다', '부모님의 반응이 두렵다', '가족이 잘 모이지 못해 칭찬할 시간이 없다', '부담감이 많이 든다' 등과 같은 부정적인 면이 있는 반면 다른 한편으로는 '칭찬 때문에 가족 간에 말문이 트이게 되었다', '우리 집도 칭찬이 필요함을 느끼게 되었다', '부모님께 먼저 잘해야겠다는 다짐을 하였다', '칭찬을 통해 우리 가정이 더 화목해지면 좋겠다는 소망이 생겼다' 등과 같은 긍정적인 면도 있었다.

일단 자녀들의 칭찬에 부모님이 반응을 보이셨다는 점에서 이 훈련 프로그램에 대한 기대감이 생겼다. 아이들이 이를 통해 새로운 경험을 할 수 있을 것 같았다. 그리 큰 부담을 주지 않으면서 재미와 기대감, 게다가 보상(?)

까지 줄 수 있는 프로그램인 '부모님을 칭찬하기' 수행평가는 이렇게 해서 만들어졌다.

참고로 두 가지 사항에 대해 언급하고 싶다.

우선 책 제목에 대해 말하고 싶다. 처음에는 내용을 정확히 전달한다는 의미에서 '몰래 쓴 칭찬일기' 정도가 제목으로 적합하지 않을까 생각했다. 하지만 좀더 울림이 있는 제목이 좋겠다 싶었다. 그래서 이 칭찬 프로그램이 낳은 최고의 성과가 무엇일까 생각해보다가 현재의 제목으로 정하게 되었다. 아마 칭찬일기가 낳은 최고의 칭찬은 바로 '엄마, 힘들 땐 울어도 괜찮아요' 일 것이다(아이가 엄마를 이해하는 데서 한 걸음 더 나아가 힘겨워하는 엄마를 격려하고 힘이 되어 주고 싶다는 마음이 담긴 이 말이야말로 칭찬의 최고 단계가 아니겠는가?).

다음으로 칭찬일기를 교육적으로 적용하고 싶은 사람들을 위해서 권말부록으로 이 수행평가에 대한 자세한 설명을 마련했다. 많은 분들께 참고가 되었으면 하는 바람을 가져본다.

나와 엄마아빠를 바꾼 몰래 쓴 칭찬일기

'칭찬일기'는 칭찬이란 윗사람이 아랫사람에게 하는 것이라는 고정관념을 깨고 어린 자녀가 부모에게 칭찬을 하고 그 과정과 소감을 적은 4행짜리의 짧은 일기이다. 그러나 그 4행의 일기를 통해 아이들이 엄마아빠를 이해하고 스스로 변해가는 과정은 기대 이상으로 나를 놀라게 했다. 학생들이 칭찬일기를 쓰면서 어떤 생각을 했는지 다음의 몇 가지 사례를 보면 쉽게 알 수 있을 것이다.

| 칭찬일기장 샘플 |

날짜	10월 2일 수요일 (5번째) **학년 반 번 이름 : 000**
칭찬의 상황은?	아픈 나는 학교에서 돌아오자마자 방에 누워 잤다. 그런 나에게 오셔서 간호해주시는 엄마. 자고 일어나니 아팠던 것이 말끔히 다 나았다.
칭찬한 말은?	"마술사인가 봐. 다 나았는데. 이 손이 마술손이네."
부모님의 반응은?	"쉿, 사람들에게 알리지 마."
오늘 칭찬활동에 대한 나의 생각은?	엄마가 더 아픈 듯하다.

칭찬일기는 2, 3개월 동안 30회 쓰기로 했고, 그 내용은 전체적으로 통일시켰다. 즉 칭찬 상황, 칭찬한 말, 부모님의 반응, 활동에 대한 나의 생각. 이 네 부분을 학생들이 기입함으로써 한 회의 칭찬일기가 마무리되도록 구성했다.

'칭찬일기' 7대 원칙

칭찬일기를 쓰면서 꼭 지켜야 할 사항은 다음과 같다.

1. **비밀**: 칭찬일기는 비밀 일기처럼 부모님 모르게 적는다.
2. **무대가**: 부모님께 칭찬의 대가를 요구하지 않는다.
3. **세심한 관찰**: 부모님의 행동, 말, 표정, 존재 자체, 가치관 등 부모님과 관련된 사소한 내용이라도 자세히 관찰하여 칭찬한다.
4. **표현법 향상**: 칭찬 표현이 너무 반복되지 않도록 스스로 노력하여 칭찬 표현 기술을 높인다.
5. **용기**: 칭찬 표현이 힘든 가정일수록 칭찬이 더욱 필요한 가정이므로 더욱 용기를 가지고 끝까지 칭찬한다.
6. **배우는 자세**: 칭찬을 잘하는 친구의 사례를 잘 듣고 적극적으로 배우려고 노력한다.
7. **자연스러움**: 노골적이고 형식적인 칭찬은 가능한 지양하고, 마음을 자연스럽게 표현하도록 한다.

날짜	5월 7일 수요일 (7번째) 학년 반 번 이름 : 000
칭찬의 상황은?	체육대회가 끝나고 집에 왔는데 엄마가 웃으시면서 어서 오라고 하셨다.
칭찬한 말은?	"엄마가 웃으면서 문을 여니까 집이 환해보이네."
부모님의 반응은?	"피곤하지?" 하시면서 어깨를 주물러주셨다. 그리고 가족과 함께 외식을 했다.
오늘 칭찬활동에 대한 나의 생각은?	내 입에서 나온 칭찬 한 마디 한 마디가 가족 분위기를 더 좋게 해주는 것 같아 내 자신이 뿌듯하다.

날짜	6월 7일 토요일 (14번째) 학년 반 번 이름 : 000
칭찬의 상황은?	아빠가 술을 끊겠다고 말씀하시는 저녁 식사 시간.
칭찬한 말은?	"진짜지? 다른 말하기 없기. 할 수 있다!!!"
부모님의 반응은?	"당연하지" 하며 술을 끊겠다는 다짐을 여러 번 되뇌셨다.
오늘 칭찬활동에 대한 나의 생각은?	사실 아빠의 그 다짐은 100번 이상 들은 것 같다. 그래도 결심하신 아빠의 다짐을 무너뜨리기 전에 격려(?)와 할 수 있다는 생각을 불어넣어 드린 게 정말 잘 한 일 같다.

날짜	6월 20일 금요일 (20번째) **학년 반 번 이름 : 000**
칭찬의 상황은?	직장에 다니시는 어머니께서 늦게 들어오셨는데 기분이 안 좋아 보임.
칭찬한 말은?	"엄마, 힘들어 보여. 엄마 옆에는 항상 내가 있다는 거 알지?"
부모님의 반응은?	"말로만? ^_^ 안마라도 좀 해줘야지?ㅋㅋㅋ"라고 웃으며 말씀하심.
오늘 칭찬활동에 대한 나의 생각은?	약간 장난 식으로 엄마의 기분을 풀어드리려고 노력했는데 괜찮은 반응이 나와 즐거웠다. 하지만 안마는 힘들었다 ㅠ_ㅠ

위의 일기에서 보듯이 자녀의 말 한 마디가 얼마나 중요한지 모른다. 그들이 가정에서 능동적으로 움직일 때 큰 힘을 발휘할 수 있다. 그런데 자녀들더러 "너희는 공부만 하면 돼!" 하는 식으로 그들의 의사결정 능력과 능동성을 차단해 버리는 것은 그야말로 자녀들을 비인격적으로 다루는 것이며, 동시에 가정을 삭막하게 만드는 것이다.

칭찬일기를 시작한 지 2, 3개월 뒤에 쓴 아이들의 소감문을 보자.

그동안 부모님을 칭찬하면서 느꼈습니다, 부모님도 관심을 필요로 한다는 것을. 저는 그동안 잊고 있었는지도 모릅니다. 제가 해 달라는 대로 다 해주시는 부모님을 어쩌면 저는 요술방망이 정도로 생각하고 있었는지도 모릅니다. 전 칭찬을 하면서 부모님도 저와 같은 인간이며 관심을 필요로 한다는 것을 느꼈습니다. 저는 부모님을 사랑합니다. 물론 부모님도 저를 사랑하시겠지요. 저는 이제부터라도 부모님께 칭찬을 많이 해 드리겠습니다. 엄마아빠, 사랑합니다♥

전에는 거의 모든 게 짜증스러웠다. 혼나거나 -_- 하고 싶은 걸 못하게 하면 짜증이 났다. 하지만 칭찬일기를 쓰면서 '내가 부모님의 입장이 되어 이런 칭찬을 받으면 딸 키운 보람을 느끼시겠다' 하며 부모님 입장에서 생각하려는 습관을 들이다 보니 이젠 짜증도 덜 나게 되고, 부모님을 조금이나마 더 이해하게 된 것 같다.

아이들은 칭찬일기를 쓰기 위해 부모님을 끊임없이 관찰해야 했다. 그러면서 부모님의 인간적인 측면, 약함 등을 보게 되었다. 반대로 장점들을 발견한 경우도 많다. 그러나 어느 경우든 모두 긍정적인 방향의 관찰이었다. 부모님의 약함을 보았기에 관심을 더욱 가져야겠다는 아이, 약한 줄만 알았던 부모님의 새로운 장점들을 발견하면서 존경심이 마구 생긴다는 아이, 이 모두를 뛰어 넘어 부모님이라는 이유 하나만으로 사랑할 수 있게 되었다는 아이….

가정이라는 울타리 안에서 함께 산다는 이유로 서로 간의 장점을 발견하고 사소한 일에도 칭찬할 수 있는 너그러움을 잊고 산 것 같다.
엄마는 너에게 칭찬을 들을 만한 게 없는 것 같아 늘 미안한 마음이야. 충분한 시간으로 보살펴주고 한 끼 밥을 먹더라도 따뜻하게 차려주고 이야기도 하면서 같이 오순도순 시간을 못 보냈던 점, 늘 바쁘다는 핑계로 학교생활에 관심을 가져주지 못한 점, 형제도 없이 외롭게 자란 너를 혼자 내버려둔 점, 잘하라는 말만 한 점…. 뒤돌아보면 부족한 게 너무너무 많구나.
가끔은 성의 없이 밥상을 차려줄 때도 맛있게 먹어주는 모습에, "엄마가 해주는 음식이 제일 맛있어요" 하는 너의 말 한 마디에 엄마는 왠지 뿌듯하고 기분이 좋아진단다.
엄마도 앞으로는 너를 많이 칭찬하고 기분 좋게 해줄게.

학생들뿐만이 아니었다. 당연한 얘기일 수 있지만 부모들 역시, 칭찬일기를 통해 많은 생각을 할 수 있었다. 아이들의 칭찬이 너무 상상 밖이었고, 부모의 입장에서 엄청난 경험이었기 때문이다. 이렇게 '뒤통수를 맞은 듯한' 충격을 통해 부모들도 자신들의 삶을 돌아보고 부모자식 간, 부부 간의 관계를 재정리하는 계기를 만들 수 있었다.

> 칭찬하면 할수록 부모님의 웃음이 더욱 많아지니까 참 세상 살 맛 난다. 가족이 이렇게 소중한지 몰랐는데 칭찬을 통해 가족과 가까워지면서 가족의 소중함을, 가족이 세상에서 가장 소중한 보물이라는 걸 깨달았다.

거의 대부분의 학생들은 가정의 소중함을 새롭게 인식하게 되었다. 그렇게도 싫어서 '밥만 먹고, 잠만 자는' 생활을 했던 그곳 가정이 행복의 원천으로서 다가오게 되었던 것이다.

물론 학생들이 이런 속 깊은 생각을 하기까지는 많은 시행착오를 거쳐야 했다. 어떤 학생들은 칭찬일기에 대해 심각하게 고민해야 했다. 그만둬야 하지 않을까 하고. 하지만 이겨내야만 했던 그때의 진통, 즉 '칭찬NG'가 이 책의 백미로 사용될 줄은 아무도 몰랐을 것이다. 이렇게 아이들의 소중한 경험들이 있었기에 이 책은 나올 수 있었다.

이제 정식으로 독자 여러분을 칭찬일기의 세계로 초대한다. 모든 선입견을 버리고 울고 웃을 준비만 단단히 한 후 칭찬일기장 안으로 입장해보시라.

날짜	5월 6일 화요일 (2번째) **학년 반 번 이름 : 000**
칭찬의 상황은?	그냥 걸어가서 아버지 앞에 앉아서
칭찬한 말은?	"아버지가 계시는 그 자체가 사랑스럽습니다."
부모님의 반응은?	"미친 놈."
오늘 칭찬활동에 대한 나의 생각은?	젠장 욕먹었다.

엑! 칭찬이요?

음…
잘되야
될텐데.
수행
평가지
부모님을 칭찬해
본 사람
손들어봐요.
엑! 칭찬이요?!
선생님!
아니 어떻게
부모님을 칭찬해요.
그러게요.
부모님이 칭찬하시고
우리가 칭찬을
들어야죠.
아냐!
부모님들도 너희들처럼
칭찬을 듣고 싶어
하실거야!!
칭찬을 들으면 기분이
좋아서 뭔가
달라질거야.

칭찬일기는 이렇게 시작되었다.

| 일러두기 |

* 이 책은 2004년 3월 출간된 〈엄마, 힘들 땐 울어도 괜찮아〉의 개정증보판입니다.
  개정증보판에는 '못다 그린 칭찬일기' 와 '부록 1 – 김상복의 칭찬특강'이 추가되었습니다.

1. 이 책의 모든 사례는 사실에 기반을 두되, 사생활 보호를 위해 사람 이름을 가명으로 처리하였음을 밝혀둡니다.
2. 이 책의 원 자료는 인천 검단 중학교 3학년 학생들(2003년 기준, 칭찬 수행평가 3개월간 실시)과 인천 구월 여자중학교 1학년 학생들(2002년 기준, 칭찬 수행평가 2개월간 실시)의 칭찬일기 수행평가 과제물입니다.
3. 이 책에 나오는 모든 만화는 학생들의 칭찬일기를 토대로 재구성하되, 칭찬 상황에 대한 묘사는 만화가의 상상력이 보태졌음을 밝힙니다.
4. 책 하단에 계속해서 나오는 내용들은 학생들이 '부모님 칭찬' 으로 지은 5행시의 일부입니다.
   5행시 중간 중간에 나오는 인물 캐릭터는 인천 검단 중학교 3학년 학생들(2003년 기준)이 미술 시간에 그렸던 '자신의 미래 모습' 중 일부입니다.

| 차례 |

1

서로 생활하는 시간이 맞지 않아 할 수 없이 주무시는 부모님께 칭찬한 아이,  목소리가 너무 작아 무슨 소린지 못 들으신 부모님 때문에 혼자서 괜히 무안해 어쩔 줄 모르던 아이,  칭찬을 하고는 너무 부끄러워 황급히 자기 방으로 도망가는 바람에 부모님의 반응을 못 보았다는 아이,  칭찬의 말과는 전혀 어울리지 않는 상황에서 칭찬을 해서 자기만 이상한 사람이 되어버렸다고 '왕창피' 를 호소하던 아이, 

부모님 칭찬일기도 끝났다. 그동안 얻은 것이 있다면 **모**정의 참뜻을 체험해 본 것 같고 또 **임** 향한 마음처럼 부모님을 섬긴 것 같고 도저히 말을 꺼낼 수가 없다며 울면서 칭찬을 못하겠다고 버티던 아이,  진심으로 칭찬을 했는데 돌아온 것은 핀잔과 공부하라는 말뿐이라고 투덜거리던 아이,  칭찬일기를 들키지 않으려고 부단히 애를 썼건만, 그만 들키고 말았다며 발을 구르던 아이….  이들의 솔직한 고백이 있었기에 그 어려웠던 '칭찬일기'가 잘 마무리되었는지도 모른다. 같이 웃고 같이 울면서, 같이 마음 졸이고 같이 흥분하면서 말이다.

어느 순간 내 몸과 마음이 많이 자랐음을 발견했다. 그런데…, 그와 함께 부모님과의 거리도 그만큼 멀어졌던 것 같다. 이젠 부모님께 다가가야겠다. 그렇다. 그분들은 언제나 그 자리에 계셨으니 이제 내가 제자리를 찾아가야겠다.

-어느 학생의 '칭찬일기' 중에서

라~

부모님의 사랑은 갚고 갚아도 **모**두 갚을 순 없습니다. 당신을 좋은 부모님으로 **임**명합니다. **칭**찬을 해 드려

신발 끈을 못 매서 헤매는데 엄마가
대신 매주셨다.
어떻게 그렇게 잘해? 난 안돼…
병신이여? 이것도 못하게?
그려, 나 병신이여…

가 부모님을 **칭**찬해 드리고 싶고 사랑한다는 것을요. **찬**바람이 불고 태풍이 몰아쳐 모든 것을 부순다 해도 제가 부모님을 사랑하는 맘

은 부술 수 없을 거예요. **부**모님은 나의 수호천사. 때로는 **모**질게도 구시지만 **임**금님 같이 거대한 아빠와 현모양처 같

01 | 첫번째 이야기 | 칭찬, 무지 쑥스럽네요 |

흠흠…

은 엄마를 난 **칭**찬해 드리고 싶습니다. **찬**바람이 부는 겨울에도 우리를 위하여 애쓰시는 부모님을 난 사랑합니다.

칭찬은 막힌 담을 허는 망치! 부모의 농담 같은 반응도 아이에게는 용기와 기쁨이 된다. 부모님, 제발 반응 좀 보여주세요.

02 무뚝뚝한 울 아빠

학원이 너무 늦게 끝나서… 집에 가기가 무서워.
어머!! 아빠가 마중 나왔네.
무뚝뚝한 울 아빠.
아! 이때 칭찬을 하자.
아빠~
이렇게 마중 나오셔서 감사합니다!!

칭찬은 바위에 떨어지는 물방울. 큰맘 먹고 어렵게 감사하다고 표현했는데 미처 대답을 준비하시지 못했나 보다. 이슬아, 걱정 말고 스스로 힘내자!

칭찬, 정말이지 너무 어색했다!

처음에는 정말 어색했다. 더욱이 부모님을 칭찬하라니. 칭찬을 해본 일이 없었으니 정말 앞이 깜깜했다. 어떻게 칭찬을 할까 하는 생각이 머릿속에서 떠나지 않았다. 하지만 수행평가다 보니 안 할 수는 없고 해서 칭찬을 해보았다. 그때는 정말 어색했다. 뭘 했는지 기억도 나질 않고 정말 어색했다.

사실 '칭찬일기' 수행평가를 처음 들었을 때 너무 쉬운 것 같아 이번 기회에 점수를 따야겠다고 생각했다. 그런데 한 주, 두 주 계속 시간이 흐르면서 제출 날짜가 점점 촉박해지니까, 그제야 선생님의 의도를 알게 되었다. 이것은 아주 아주 어려운 과제였던 것이다.

* 좀더 화려하고 멋지고 근사한 표현 어디에 없나?

우리 이야기

고진감래(苦盡甘來)라 했거늘…

아마 대부분의 아이들도 칭찬하기가 이렇게 힘들 줄은 정말 몰랐을 것이다.

막상 부모님께 칭찬을 하려고 하니깐 괜히 부끄럽고, 창피하고 얼굴만 붉어지고 부모님 앞까지는 갔지만 쉽게 말을 꺼내지는 못하였다. 그래서 한달 정도 지나니까 '이런 것을 왜 해야 하나?' 하고 여러 번 생각했다. 이때까지만 해도 우리 집에 변화가 올 거라는 생각은 전혀 못 했던 것이다.

* 우리 아빠는 내가 칭찬하면 자꾸 딴소리를 하신다 -_- 부끄러우신가?

03 느끼남 -.-;;

난 늘 배가 고프다.
밥을 먹고 나도 머지않아 또 다시 음식 생각이…
다녀왔습니다.
배고프지? 밥 먹어라.
와~
엄마의 사랑이 가득 담겼는 걸~

칭찬은 해수욕장에서 바르는 선탠오일. 정말 오랜만에 들어보는 아들의 느끼한 칭찬이었지만, 내일부터는 밥상 그릇마다 엄마의 사랑과 정성이 가득 담겨 있을 것이다.

에게 **모**든 것을 주셔서 감사합니다. 저를 **임**신한 것도 감사하구요. **칭**찬이란 가족을 행복하게 하는 것 같아서 **참** 좋아요.

| 첫번째 이야기 | 칭찬, 무지 쑥스럽네요 |

04 나 때문일거야

부모님을 칭찬하는 말이 어색하기도 하고 많이 **모**자라기도 했다. 지금 생각해보면 부모 **님**께서 더 쑥스러워하셨을 것 같다. **칭**찬을

아빠가 농담하셨을 거다.
갑자기 들은 칭찬이라
당황하신 것 같다. 다음번의
반응을 기대해보자.

05 | 첫번째 이야기 | 칭찬, 무지 쑥스럽네요 |

쟤, 뭐 잘못 먹었어요?

그리고 뒤에 가서 아빠와
수군거리시길…

불쑥 다가온 퉁명스런
아들의 도움에 엄마가 많이
놀라셨나 보다.
봉사도 칭찬의 한 모습!

1. 희망을 갖고 절대 포기하지 마라 | 아무래도 내가 한 칭찬을 반어법으로 생각하셨나 보다, 아무 반응도 없으신 걸 보니. 다음부터는 칭찬할 상황과 언어를 잘 조화시켜야겠다. 비록 첫 시도가 실패했지만 절대 실망하거나 포기하지 않을 것이다. 이 일기를 마치는 날엔 분명 어떤 변화라도 있으리라.

2. 칭찬 싫어하는 사람 없다 | 역시 칭찬 싫어하는 사람은 없는가 보다. 처음엔 아무 반응도 안 보이시더니…, 그래도 실망하지 않고 계속 시도하니까 부모님의 반응이 조금씩 나아지는 것 같다.

3. 칭찬의 힘, 당신의 생각보다 크다 | 진작부터 작은 일이라도 도와드릴 걸 그랬다. 칭찬일기를 쓰면서 자주 칭찬하고 도와드리려는 노력을 의식적으로라도 계속 하고 있다. 덕분에 스스로 느끼는 뿌듯함뿐만 아니라 생각만 해도 즐거운 부모님의 반응, 게다가 오늘은 용돈까지 받았다. 칭찬의 힘은 내가 생각했던 것보다 컸다.

4. 칭찬, 아름다운 중독1 | 벌써 열다섯 번째 칭찬이지만 칭찬할 때마다 그 어색함이란…. 그래도 기뻐하시는 모습을 보면 칭찬을 그만둘 수가 없다.

냈다. **임**시 동안 칭찬을 했지만 가족의 화목을 위해 **칭**찬을 아낌없이 계속하여 **찬**란한 우리 가정이 되도록 노력해야겠다.

5. 칭찬, 아름다운 중독2 | 부모님의 얼굴에 웃음이 많아지는 것을 보고 칭찬의 힘을 알게 되었다. 일단 가정이 화목해지니까 그 평화를 깨지 않고 오래오래 유지하고 싶어졌다. 부모님을 더 아끼고 사랑하게 된 것 같다.

6. 칭찬, 다가서기의 첫걸음 | 어느 순간 내 몸과 마음이 많이 자라 있음을 발견했다. 그런데…, 그와 함께 부모님과의 거리도 멀어져만 갔던 것 같다. 이젠 내가 먼저 다가가야겠다. 그렇다. 그분들은 언제나 같은 자리에 계셨으니 이제 내가 제자리를 찾아가야겠다.

7. 칭찬, 먼저 마음 열기 | 내가 먼저 마음을 열면 서로에게 칭찬이 오고갈 수 있다는 것을 알게 되었다. 지금은 잔소리보다 칭찬이 더 많아졌다 ^3^ 그리고 가족 간의 대화도 더 많이 늘었다. 내가 먼저 마음을 여는 게 좋다는 걸 이제야 알았다 ^0^**

8. 칭찬은 주의 깊고 사려 깊은 관찰 | 그동안 모르고 있었는데 아빠한테 이렇게 많은 걱정과 고단함이 있었다니…. 흰머리가 대신 증언해주는 듯하다.

* 칭찬거리 찾기가 어렵다. 내가 아빠에게 관심이 없어서 그런 건 아닐까.

2

엄마한테 자기를 낳아준 것 감사하다고 칭찬한 아이,  화가 나는데도 칭찬일 기 때문에 참아야 하는 것이 힘들다는 아이,  칭찬을 했더니 아빠가 10년 만에 빨래도 하시고, 엄마가 너무 좋아하신다고 자랑하던 아이,  칭찬을 시작한 후로 가족 간의 대화와 웃음, 외식이 많아졌다고 입이 벌어진 아이,  처음에는 웃으시다가 나중에는 장난도 치시고 뇌물(?)도 주시면서 자신을 대하는 태도가 많이 달라지셨다

부모님 얼굴에서 밝고 따뜻한 모습과 미소를 보니 좋았습니다. 엄마아빠 항상 웃으시고, 사랑합니다.

고 좋아하는 아이,  늘 인상 쓰고 투정만 부리는 아이로 봤는데 칭찬을 하니까 웃는 아이로 봐주시고 좋은 얼굴로 대해주시니까, 스스로를 더 소중하게 여기게 되었다는 아이,  힘들어도 내색 않으시던 두 분의 어깨가 요즘 무겁고 지쳐 보인다며 자기가 할 수 있는 사소한 것이라도 해야겠다고 다짐한 아이,  부모님의 숨겨진 아름다운 모습을 볼 수 있게 해주셔서 선생님께 감사하다는 아이.  고맙다, 얘들아!

언제나 듬직하게 가족의 큰 기둥을 맡아주는 너의 칭찬에 엄마는 기분이 좋아지고 상쾌함도 느꼈단다. 조그마한 칭찬이 이렇게 생활에 활력을 불어넣어 줄지는 미처 몰랐구나. 엄마도 많이 반성해본단다. 우리 가족 서로 칭찬하면서 지금처럼 계속 행복했으면 좋겠다. 사랑하는 엄마가….

-어느 학부모의 편지 중에서

모든 것을 다 줘도 안 아까운 존재. **님**을 생각하고 있자면 **친**구 같은 편안한 존재시며~ **찬**…--_--;;;;;;(모르겠어요ㅠ.ㅠ)

06 괜찮아, 괜찮아

부모님의 모습과 나의 **모**습이 많이 닮았으면 좋겠다. **임**금님의 넓은 아량을 가지신 아버지의 모습 **칭**찬을 자주해주시는 어머니의

칭찬은 달리는 말에
가하는 채찍.
피곤에 지쳤던 우리 아빠!
딸내미 칭찬으로
한결 기분 좋은(?) 추석이
되셨을 것이다.

07 부럽지?

는 **모**든 일이 잘 될 거예요. 저도 공부 열심히 해서 나중에 돈 많이 벌 거니까 >_< 그동안 제 **칭**찬에 기분 좋으셨죠? 앞으로도 칭찬

칭찬은 즐거운 착각.
자녀의 칭찬 한 마디에 아빠의
자랑이 지나쳤지만, 그래서
오히려 아빠는 행복하다.

많이 해드릴게요. 그래서 우리 집을 **찬**란하고, 웃음 가득한 가정으로 만들 거예요〉_〈♥

부침개가 **뭐**가 맛있어? **님**,

우리이야기

오랜만에 가족에게 느끼는 떨림

Dear 엄마아빠

칭찬일기를 마치고 나서 이렇게 편지를 쓰니깐, 좀 부끄럽고 쑥스러워. 처음에 도덕 선생님이 이것을 하라고 하셨을 때, 어떻게 칭찬을 하나, 정말 막막했지. 칭찬을 처음 할 땐 막 떨리고 부끄럽고 그랬어. 가족에게 오랜만에 느끼는 떨림이라고 할까…ㅋㅋㅋ

칭찬이 습관이 되면 정말 좋을 것 같아. 우리 서로 상처 주는 말을 자주 하잖아. 말한 사람도 듣는 사람도 모두 마음이 아프잖아.

표현이 많이 서툴렀지만, 그래도 나에게 가장 소중하고 필요한 건 가족이야.

엄마아빠, 알라뷰.

* 정말 간단한 건데…, 부모님이 이렇게 좋아하실 줄 몰랐다.
이게 효도인가 하는 생각도 들었다.

정말 좋다!

칭찬일기를 쓰기 전에는 세상만사가 다 귀찮았는데 쓰고 나니 정말 잘 했다는 생각이 든다. 용돈도 올라가고 가정도 화목해졌다. 정말 좋다.

계모였던 엄마가 천사로 보인다

좋은 활동이다. 음…, 우선 용돈이 1000원 정도 올랐고, 엄마아빠가 더욱 좋고 멋져 보인다. 그리고 계모였던 엄마가 천사로 보인다. 그래서 화목한 가족이 되었다. 칭찬일기를 안 쓰게 되어도 칭찬은 꾸준히 해야겠다.

* 하루에 세 번 밥을 먹듯이 가족들에게 세 번씩 칭찬을 하면
가족끼리 더 가까워질 수 있고, 행복한 가정을 만들 수 있을 것이다.

| 두번째 이야기 | 하루하루가 즐거워지고 있어요 |

08 헉…

만 하는 나는 **참** 나쁜 놈입니다.

부 **모**님 **임**금님처럼 정성껏 받들겠습니다. 그러니 **칭**찬 많이 해주세요. 그래

칭찬은 가을의 단풍.
코디네이터 딸을 둔 엄마의
행복과 즐거움이 보인다.

09 하나 둘 셋!

예슬아
인생이란
말이다…
아!!
이럴때 칭찬해
드려야겠다.
제 생각으로는요…
아빠는 말하거나
행동하실 때
생각이 참
깊으신 것 같아요.
예슬아 갖고 싶은것
셋 셀동안
말해라!!
하나
둘
뭔일이래…

이 세상에 아빠의 설교를 좋아할 아이가 어디 있겠는가? 아이의 칭찬 한 마디가 아빠의 에너지를 긍정적으로 바꿔서 자녀에게 사랑을 표현하고 즉시 보답하게 만든다.

부모님이 있기에 **모**든 일이 다 잘 됩니다. **님**~ **칭**찬활동을 통하여 부모님이 얼마나 **찬**란한 분들인지 알게 됐습니다. **부**자 아빠

10 사랑합니다

부자 엄마 **모**든 일에 사랑을 주시는 엄마아빠는 마음의 부자이다. **임**금님이 살아 계셨다면 **칭**찬을 아끼지 않으셨을 우

꽃과 감사의 선물 때문에
동심으로 다시 돌아온 엄마의
모습이 우리를 즐겁게 한다.
칭찬은 있는 그대로 표현하고
자랑하는 것이다. 칭찬은
육체미 경기장의 멋있는 포즈.

아영아, 미안해…

사랑하는 딸 아영에게…

칭찬일기를 읽으면서 너에게 미안한 맘이 많이 생기는구나.

너의 글을 읽고 엄마로서 느낀 점이 아주 많단다. 평소에 엄마는 공장 일 한다는 핑계로 피곤하다며 집에 오면 짜증부터 내고 그랬는데…, 너의 글 읽고 반성 많이 해본단다.

엄마는 음식 솜씨가 별로라서 그저 그런 음식을 만드는데도 너는 엄마 옆에 와서 웃는 얼굴로 상냥하게, "엄마, 내가 뭐 도와줄까?" 하고 말했지. 그런데도 엄마는 네 말끝에 "아니, 됐어" 하고 짜증내면서 한번도 너의 마음을 헤아리지 못했던 것 같구나. 정말 미안하다. 엄마가 부끄럽구나.

앞으로는 너의 칭찬일기를 마음속 깊이 간직하고 생각하면서 힘들고 짜증나는 일이 있어도 참고 견디며 살아갈 거야.

아영아, 그동안 미안했다.

엄마가…

가족이니까^_^*

솔직히 아빠뿐만이 아니라 엄마하고도 사이가 그리 좋은 편이 아니었다. 엄마가 나와 얘기하려고 하면, '또 잔소리!' '했던 얘기 또 한다' 하며 싫어했다. '이해도 안 해주면서…' '부모님 입장에만 끼워 맞추려고 하고…' 그러나 이젠 이해할 수 있다. 나를 얼마나 걱정하고 계신지 알았기 때문이다. 나도 그만큼 부모님을 사랑한다. 예전과 달라진 게 있다면 가족이니까 힘든 것, 기쁜 것 모두 함께 공감하고 느낄 수 있다는 것이다^_^*

* 가족이 함께 하면 이렇게 즐거운지 몰랐다

를 **모**자라게 키우셔도 나는 부모님을 **임**금님처럼 모실 수 있으며 다른 사람들에게 부모님의 **칭**찬을 멈추지 않을 것이며, 주위 사람

들이 나에게 **찬**사를 보내도 나는 당연히 자식으로서의 도리를 했을 뿐이라고 말할 것이다.

부자 되고 싶으세요? **모**

두 모두? 그럼 부모 **님**을 **칭**찬해보세요^_^ 칭 **찬**을 많이 하게 되면…, 마음의 부자가 된답니다^_^ **부**모님 두 분 다 **모**성애와 부성

11 팔씨름

애가 특별하시다. 부모 님을 칭찬하는 기간 동안 많이 쑥스러웠지만 칭찬을 반복하다 보니 늘고 부모님과 더 가까워진 것 같다. 부모

아빠를 이겼을 때 느끼는
승리감보다 나이 드셔서
늙어 가시는 아빠를 생각하는
아들의 넓은 마음이
너무 아름답다.

님을 **찬**미합니다. **부**끄러움을 타지 맙시다, 우리 **모**두. **님**이나 남이나 모두 말입니다. **칭**찬 처음 할 땐 부끄

12 그냥 한 말인데

럽고 쑥스럽지만 그런 것을 다 겪어낸 사람들에게 **찬**사를 보냅니다.

부모님과 윷놀이를 했는데 내가 **모**를 던졌다.

컴퓨터 하고픈 마음에 그냥 한 말인데…
저런 반응이 나올 줄은 몰랐다. 되게 웃겼다.

칭찬은 고래도 춤추게 한다는데, 동생이야 가만 있을 리 없지. 칭찬은 상대방의 작은 변화를 포착해서 좋은 방향으로 말해주는 것이다.

님들은 침묵했다. **칭**얼대며 돈을 달라고 하자 **찬**밥 신세가 되었다. **부**자가 되기엔 **모**자란 것이 많습니다. 그러나

점 같은 소망이 모여 그려지는 동그라미 같은 행복

선희에게

숙녀가 다 된 우리 예쁜 딸, 엄마아빠 칭찬해줘서 정말 고마워.

네가 태어나서 우리에게 있어준 것만 해도 가슴이 벅찬데 엄마아빠에게 칭찬까지 해주는 네 마음에 더욱 가슴 뿌듯하단다.

건강하고 밝게 자라준 너는 엄마의 마음속에 항상 빛과 같은 존재란다. 성격 좋고 인간성 좋고, 어디 하나 나무랄 데 없는 선희가 엄마는 자랑스러워.

점 같이 아주 작은 소망들이 모여서 커다란 동그라미와 같은 행복을 그리는 것 아니겠니? 화목하고 건강한 대화가 곧 가정의 행복이라고 믿고 있다.

선희야, 우리 서로 노력하며 나가자구나. 엄마는 딸을 믿는단다.

* "아! 우리 부모님이 이렇게 대단하신 분들이셨구나!"

어린아이처럼 '하하' 웃고 싶다

항상 칭찬은 어른이 아이에게 하는 것으로만 생각했다.

내가 누군가에게 칭찬을 받으면서 느껴왔던 뿌듯함, 보람, 기쁨을 부모님도 느꼈을 거라고 생각하니까 오랜만에 효도를 한 것 같다. 효도란 별다른 것 없이 부모님께 말 한 마디라도 잘해드리는 것 자체임을 느꼈다. 물질적인 기쁨도 있겠지만 무엇보다 중요한 건 마음인 것 같다.

칭찬일기를 통해 가족 간의 다툼이 많이 사라졌고, 칭찬이라는 단어가 이제 우리에게 익숙해진 것 같다. 단지 과제 하나를 수행하기 위해 했던 일들이 이렇게 큰 성과를 가져다 줄지는 정말 몰랐다. 말 한마디가 가정의 분위기를 바꾼 것이다. 도덕 선생님은 말씀하셨다. 말에는 힘이 있다고, 강한 믿음을 가지고 염원하는 마음으로 말을 하면 그 말은 꼭 이루어진다고…. 그 말이 맞았다. 나는 가정의 화목을 바랐고 그 화목을 염원하는 마음으로 말을 했더니 그것이 정말로 이루어졌다. 말에는 누구도 모르는 힘이 살아 있다.

비록 수행평가는 끝났어도 칭찬은 계속할 것이다. 한번 웃으면 10년이 젊어진다고 했던가? 칭찬을 통해 우리 가족 모두가 '하하' 웃고 싶다. 주름진 모습이 아닌 밝게 웃는 어린아이의 모습처럼….

13 그랬던 실내화가…

불어도, 눈이 와도, 비가 와도 이제부터는 부끄럽지 않게 부모님께 칭찬을 많이 해야겠다.

나는 평소 형한테 별로 신경도 안 써줬는데…,
형이 있어 좋다는 걸 오늘에서야 알았다.

누군가가 자기에게 유익한
일을 했을 때 상대방을
새롭게 느끼게 된다. 보기
드물게 우애 있는 어린
형제들이다. 이들의 우애가
평생 지속되기를 기도해본다.

빠 같이 훌륭한 부모님을 둔 세라가. **뭐**, 우리 부모님처럼 멋진 분들이 어디 있겠어. 안 그래요? **임**경이 엄마♡ 현수 아빠 **칭**찬 많이

14 엄마 마음

해 드릴 테니까 오래오래 행복하세요. **찬** 마음을 가진 딸보다는 따뜻한 딸이 되도록 노력하겠습니다.

부~자 되

엄마 마음을 알게 된 것 같다.

칭찬은 모기 쫓는 에프킬라. 자식 생각하는 엄마의 마음을 딸에게 들켰다. 자식 사랑이 자녀의 불평과 투정을 모두 쫓아내버렸다.

게 해주세요〉_〈//* **모**처럼 복권을 긁었는데-_-a … **임**꺽정-.-a도 놀랄 만한 일이 생겼다!-_-a **칭**찬복권 제3000회!ㅋ 1등 당첨♡

15 개똥

개도 칭찬할 수 있다.

마음이 열리면 칭찬이 보인다.
사람뿐 아니라 동물이나
식물도 칭찬을 느끼고
좋아한다.

우리 이야기

부모님을 관찰하면서

옛날에는 전지전능한 것만 같던 부모님이 (내가 커서 그런지) 너무나 연약하게 느껴졌고, 그래서 함께 하기가 힘들어지기 시작했다. 칭찬일기를 쓰기 전까지는 '연약한 부모님' 이란 생각에만 머물러 있었다. 하지만 칭찬일기를 쓰면서 부모님과 친해지고 가까워지다 보니 그런 생각을 했던 것이 너무 죄송스러웠다. 칭찬일기를 쓰기 위해 자세히 관찰하고 조사하고 그 결과들을 놓고 생각해보면서 부모님이 걱정과 근심들을 속으로 숨기면서 자식들에게 보여주지 않으시려고 얼마나 애쓰고 계신지를 보고 말았다. 나는 칭찬일기를 쓴 이후가 아니라, 그것을 쓰기 위해 관찰하는 과정에서 생각이 바뀌었고 많은 것들을 깨닫게 되었다.

* 엄마의 으쓱하는 저 모습에 나도 모르게 으쓱해진다.

우리 이야기

딱 석 달 만에…

지난 석 달간 칭찬일기를 쓰면서 난 여러 가지를 느꼈다. '말 한마디로 천 냥 빚을 갚는다'는 말처럼 말 몇 마디로 가정 분위기가 바뀌고, 사람의 기분이 바뀐다는 것을 말이다. 돈도 전혀 필요하지 않고 단지 정성스럽고 진실한 마음 하나면 된다. 딱 석 달 만에 집안 분위기가 바뀌었다. 그래서 너무 행복하고 도덕 선생님께 너무 감사하다. 비록 수행평가는 끝났지만…, 앞으로도 더욱더 좋고 예쁜 말을 많이 할 것이다.

* 이젠 부모님이 잔소리를 해도 감사하다.

부지런한 개미를 보고 **모**두들 칭찬을 했다. **임**금님이 그 사실을 알고 **칭**찬으로 세상을 밝게 한다며 칭찬을 한 모든 이들과 개미에게

찬란하게 빛나는 금은보화를 선물해주셨다.

부모님 제가 나중에 **머**니money 많이 벌어서 부모 **님** 호강시켜 드

16 | 두번째 이야기 | 하루하루가 즐거워지고 있어요 |

강원도로 가는 길

릴게요. 이번에 **칭**찬일기를 쓰면서 이렇게 칭 **찬**이 좋은 건지 처음 알았어요.

부모님의 사랑은 **모**든 세상을 뒤

아빠 설거지 한방에
강원도 해결됐다.

17 | 두번째 이야기 | 하루하루가 즐거워지고 있어요 |

삼십 원 사랑

부모님의 사랑. **부**자 되어 잘살아 보세. **모**두 부자 되어 잘 먹어 보세. **임**금님 대우 받아 보세. **칭**칭 온몸에 둘러 보세. **찬**란한 금

핸드폰으로 전달된
모녀간의 사랑. 오고 가는
삼십 원, 합이 육십
원이오!

내가 아닌 나!

처음 선생님께서 이 수행평가를 내주셨을 땐 짜증이 많이 났다. 서른 개의 칭찬일기는 미뤘다 단시간에 쭉 쓸 수 있는 것이 아니었기 때문에 매일 매일 신경 써야 한다는 점이 나를 짜증나게 했다(솔직히 말하자면). 하지만 칭찬일기를 모두 끝낸 지금 이 시점에서 나는 선생님께 너무 감사하다. 칭찬일기를 쓰면서 가족 간의 대화가 많아졌기 때문이다. 칭찬일기를 쓰면서 솔직한 나의 감정을 부모님께 직접 말하고 부모님과 이야기하면서 웃기도 하고 울기도 하고…, 집안에 웃음이 가득 찼다. 나의 어이없는 칭찬 때문에 엄마, 아빠, 언니, 심지어는 동생까지 웃고…, 정말 장난 아니었다 -_- 그래서 너무 재밌었다. 언니는 "사람이 안 하던 짓 하면 죽을 때가 다 된 거라는데…" 하는 말까지 했다. 그동안의 일을 생각해보면 내가 정말 내가 아니었던 것 같다. 닭살 돋는 말도 많이 하고 앞으로도 계속 쭉 나는 내가 아닐 거 같다 (그 말은 칭찬을 계속한다는 소리 ^_^).

* 엄마 웃는 모습 봤으니 시험 잘 보겠지?!

당당해진 내 모습

정말 신기하다 ^_^*

이제는 우리 가족도,

조금은,

화목하다고 당당히 말할 수 있을 것 같다.

* 나의 호의적인 말 한마디가 가정에 화목한 분위기를 만들 수 있다는 게 참 기분이 좋다.

실연 당한 날 ㅠ.ㅠ

이라도 **임**금님이라도 전혀 부럽지 않습니다. 왜냐하면 **칭**찬으로 우리 집은 어느 집보다 더욱 행복하게 **찬**찬히 나아가고 있으니까요.

딸의 아픔을 함께 하는 엄마의
모습이 참 좋다. 칭찬은 함께
끌어당기는 줄다리기.

부모님을 칭찬하기 위해 **모**든 어색함을 참아가며 **임**했습니다. **칭**찬을 하면 가정이 화목해집니다. **찬**장 위에 있는 컵

19 부메랑

을 꺼내 차 한 잔 마시며 부모님을 칭찬합시다.

부릉부릉 자동차에 시동을 걸었다. 우리 가족 **모**두 모두 짐을 챙겨 차

오늘 칭찬한 것 너무 기뻤다.
요즘엔 칭찬이 되돌아와 참 기쁘다.

칭찬은 기쁨으로 되돌아오는
메아리. 상대방의 마음을
헤아리면 다시 되돌아와 내
마음도 헤아려 준다.

에 탔다. 오늘은 소풍 가는 날. "**임**자" 하고 아빠가 엄마를 보며 말했다. "**칭**찬 받을 일이라도 있어요? 호호" 하고 엄마가 말했다. 아

| 두번째 이야기 | 하루하루가 즐거워지고 있어요 |

20 아빠의 흰머리

빠는 **잔**잔한 미소를 보내며 “엔진 고장 난 걸 깜빡했네.”

부모님의 은혜를 잊지 않겠습니다. **모**든 일 가운데 그 사랑

마음이 아프다.
그래서 그렇게 닭살 돋는 말이 저절로 나왔나 보다.

자식을 낳아 길러봐야 부모 마음을 안다고 했는데, 저 어린 것이 벌써 아빠의 흰머리를 보며 그 의미를 헤아리다니 너무 기특하다.

우리이야기

가족과 나 사이를 터준 다리

칭찬일기를 쓰기 시작한 처음에는 부모님이 무뚝뚝하게 반응하시고, 별로 웃지도 않으셨는데 계속 칭찬하려고 애쓰는 내 모습이 안타까우셨는지 조금씩 표정 변화를 보여주셨다. 그러다가 가족 간의 대화가 많아졌고, 가족 간의 사랑도 느끼게 되었다. 또한 가족이 있으면 행복하다는 걸 느끼게 되었다.

또 칭찬일기를 쓰다 보니 물질적인 보상도 많이 있어서 너무 좋았다. 남들은 '칭찬이 뭐가 좋아' 할지 몰라도 나에게 있어서는 가족 간의 사랑을 더 절실하게 느낄 수 있게 해준 일종의 다리 같다. 가족과 나 사이를 터준, 그런 다리 그런 길…. 그래서 돌이켜보면 '씨익' 웃을 수 있는 소중한 추억이 되었다.

요새 시험 기간이라 바쁘기는 하지만 나 혼자서라도 칭찬일기장을 만들어서 몰래 몰래 써보는 것도 좋을 것 같다. 역시 마찬가지로 쑥스럽고 창피하겠지만 가족과 나를 연결해주는 역할을 이 칭찬일기가 톡톡히 할 것이다.

평소에 엄마에게 말이 별로 없었던 것이 후회가 돼서 반성하는 중이다. 엄마는 바쁘셔서 그러신 것인데 내가 너무 애처럼 군 건 아닌가, 내가 너무 못되게 군 건 아닌가 하는 생각이 들고 내가 속상하게 해서 우시던 엄마의 모

부모님께 칭찬을 **모**처럼 해 드렸더니 **임**금님처럼 기뻐하시며 나한테 **칭**찬을 해주시고 **찬**장 속에 있던 떡을 주셨다.

습도 떠올라 가슴이 아프다. 엄마께 죄송하고, 아빠께 죄송하고 나는 정말 못된 딸인가 보다. 일을 다 저지르고 나서 반성하는 그런 못된…, 그게 나라고 생각하니 정말 나 자신이 미워진다. 앞으로는 말씀을 더 잘 듣고 컴퓨터도 조금 하고 대화는 많이 하는 그런 딸이 돼야지. 그래서 우리 가족이 행복할 수 있도록 해야지.

* 내가 먼저 마음을 여는 게 좋다는 걸 이제 알았다 ^0^*

네 말 한 마디에 내 가슴은 뿌듯해진다

형석에게

가정이라는 울타리 안에서 함께 산다는 이유로 서로 간의 장점을 발견하고 사소한 일에도 칭찬할 수 있는 너그러움을 잊고 산 것 같다.

형석아!

엄마는 너에게 칭찬을 들을 만한 게 없는 것 같아 늘 미안한 마음이야. 충분한 시간으로 보살펴주고 한 끼 밥을 먹더라도 따뜻하게 차려주고 이야기도 하면서 같이 오순도순 시간을 못 보냈던 점, 늘 바쁘다는 핑계로 학교생활에 관심을 가져주지 못한 점, 형제도 없이 외롭게 자란 너를 혼자 내버려둔 점, 잘하라는 말만 한 점…. 뒤돌아보면 부족한 게 너무너무 많구나.

가냘프고 여렸던 아기가 성장해서 어느새 중3. 장성한 모습을 보면서 세세히 보살펴주지도 못했는데, 바른 생각으로 곱게 자라주는 모습을 보면 내 아들 정말 고맙다는 생각이 든다. 사춘기 나이에 행여 정신적 방황을 하지나 않을까, 혹여 친구들과 어울리느라 학교와 집을 멀리하지는 않을까 하는 염려에 엄마는 네가 집을 가장 편한 곳으로 생각할 수 있도록 신경 썼는데…, 다행히도 네가 엄마 뜻을 알아주는 것 같다.

형석아!

가끔은 성의 없이 밥상을 차려줄 때도 맛있게 먹어주는 모습에, "엄마가 해주는 음식이 제일 맛있어요" 하는 너의 말 한 마디에 엄마는 왠지 뿌듯하고 기분이 좋아진단다. 엄마도 앞으로는 형석이 많이 칭찬하고 기분 좋게 해줄게.

솔직히 네가 자랑스럽고 대견하단다. 건강하게 올바르게 자라주어서. 또한 얼마나 멋있게 생겼니?

김형석, 파이팅!

공부하느라 피곤하고 힘들더라도 먼 훗날 멋진 어른이 되기 위한 과정이라 생각하고 엄마와 함께 노력하자. 안녕.

2003.7.4 아들을 사랑하는 엄마가

* 밉다 밉다 해도 엄마는 엄만가 보다. 보고 싶은 걸 보니까.

네가 바로 나의 자화상인 것을…

가족이라고 하면서도 서로 마주보고 대화하는 시간이 없었고 늘 엄마의 대화는 '이렇게 해라, 저렇게 해라' 식의 명령조였고, 타협하는 것이 아니라 일방적으로 잔소리하고 몰아붙였던 점 미안하단다. 엄마의 상처 때문이겠지.

어떤 이야기를 하다가도 네가 "이래서 내가 엄마에게 말을 안 했다고" 할 때는 속이 상하고, 잘 들어줄 걸 하는 후회도 많이 했어.

성현아! 칭찬에 익숙하지 못한 엄마를 이해해주렴. 내 것이 아니라 하나의 인격체로 본다고 하면서도 자꾸 내 것이라는 생각에 화도 내고 잔소리도 한단다. 얼마 전부터 말하는 태도가 긍정적이고 순종적인 것 같아서 성현이가 사춘기가 지나가고 마음이 성장하고 있구나, 하고 생각했는데 (수행평가 때문에 무진장 애를 쓰고 있었던 것을)….

이 글을 쓰는 지금이야말로 너와의 관계를 되돌아보고 반성할 수 있는 시간인 것 같구나. '콩 심은 데 콩 난다'는 속담이 있듯이 성현이가 바로 내 자신의 자화상인 것을 말이다.

엄마도 길지는 않지만 세상을 살다 보니까 엄마 자신의 어린 시절이 생각

나고 떠오를 때가 많단다. 어릴 적에 우리 어머니께서 말씀을 하시면 왜 그렇게 반항심이 생기던지…. 나의 이야기를 듣기보다는 일방적으로 어머니의 이야기만 하는 것이 얼마나 화가 나고 짜증이 나던지.

성현아!

삶을 살다 보니까, 아기를 낳고 나니까, 우리 어머니의 잔소리가 이해가 되고 가슴에 와 닿아 무척이나 가슴앓이를 했단다.

성현아! 지금 엄마는 엄마의 잔소리를 변명하는 것이 아니란다. 엄마 잔소리의 뒷모습, 그러니까 엄마의 마음 색깔을 봐달라는 거야. 엄마도 말하는 방식이나 방법을 고치도록 아주 많이 많이 노력할 거야.

우리 성현이는 순수하지, 착하지, 인간관계 좋지. 기대와 욕심에 가득 차서 너를 바라보기보다는 사랑으로, 한 인격체로서 바라보려고 노력할 거야. 우리 서로 이해하려는 마음을 가지고서 대화하자구나.

성현아! 네가 대화할 때 "됐어, 알았다구!" 할 때면 엄마는 무시당하고 소외당하는 느낌을 받곤 한단다. 아들아! 가정이라는 테두리 안에서 우리 서로 사랑하고, 이해하고, 배려하면서 한 세상 살아가자구나.

2003.7.3 어머니가

게 생각하며 **임**금님처럼 대해주지는 못하여도 **칭**찬만은 아끼지 않고 열심히 해 드려야지. **찬**바람이 불어도 감기 걸리지 마시고 항

상 건강하세요. 사랑해요♡

부모님께 칭찬을 하니깐 **모**두 한자리에 모여서 좋은 얘기들을 하니 **임**금님 못지않게

아빠가 엄마의 다리를
주물러주고 계셨다.
엄마는 좋겠네.
야, 아빠 힘들어. 니가 주물러.
기분이 나쁘다.

엄마의 잔소리 때문에 집에 들어가기 싫었는데, 칭찬에 대한 부모님의 반응이 너무 고마워서 빨리 집에 들어가고 싶다고 적은 아이,  엄마를 존경한다고 하자 자기를 꼭 안아주시면서 다 컸다고 말씀하셔서 너무 기분이 좋았다는 아이,  전에는 불행한 가정이라고 불평했었는데 칭찬을 하고부터는 자신감과 자부심이 생기고 자기도 행복한 가정에 살고 있음을 알게 되었다고 고백한 아이,  전에는 부모님이 풀이 죽은 모습으로 일을 하셨는데 칭찬을 하고 나니까 힘이 솟아 활기찬 모습으로 일을 하신다고 좋아하는 아이,  칭찬하기 전에는 부모님의 사

이가 안 좋으셨는데 칭찬 후에는 사이가 좋아지셨다고 기뻐하는 아이,  칭찬으로 우리 가족이 전보다 더 화목해지고 웃음꽃이 무궁화처럼 활짝 피었다면서, 엄마 아빠 사랑해요, 하고 고백하는 아이.  이들의 고백은 내 삶의 열매요 보석이며, 교사만이 가질 수 있는 큰 행복이다.  부모의 마음으로 아이들의 아픔이 내 아픔이 되고 아이들의 기쁨이 내 기쁨이 되어 제자들과 함께 교육과 인생을 공유하는 좋은 선생님이 되어야겠다.

엄마가 집안에 힘든 일이 있는데도 나와 동생에게는 웃음을 보이려고 애쓰셨다. "엄마, 힘들 땐 울어도 괜찮아요. 엄마는 지금 충분히 우리를 위해 노력하고 계세요." 눈물이 약간 고이셨다. 그리고 웃으셨다. 안 좋은 일이 빨리 풀려서 집안에 웃음이 넘쳐났으면 좋겠다.

–어느 학생의 '칭찬일기' 중에서

21 아휴~ 간지러~

이렇게 엄마랑 장난치는 게
얼마 만인지 모르겠다.
왠지 모르지만
기분이 좋다…ㅎㅎㅎ

스킨십은 마음을 활짝
열게 하는 놀라운
칭찬이다. 잔소리하는
엄마가 다정한 친구로
다가와서 너무 좋았겠다.

힘들어… 근데…

를….

부모님을 칭찬하니 **모**정이 듬뿍 생기네. **임**시로 잠깐 한 활동이지만 **칭**찬은 우리 가족을 행복하게 만들었다네.

내가 칭찬한 것 중에
이처럼 찡한 것은 없었다.
엄마의 말을 듣고 어찌나 가슴이
찡하던지 목이 메어왔다.

칭찬은 우리가 살아야 할 이유.
아픔을 나누고 인생을
나누는 모녀의 이 대화가
얼마나 사랑스럽고
끈끈한지…. 박수를 보낸다.

나도 사랑받고 있구나

얼마 전까지만 해도 부모님과 나 사이가 좀 멀어진, 내가 어렸을 때보다 사이가 훨씬 더 멀어진…, 그런 느낌을 받았다. 사이가 멀어진 것 같아 많이 슬펐고…, 화목함 같은 게 없다고나 할까, 뭐 그런 느낌이었다. 나는 집에서는 밥만 먹고 잠만 자는 그런 생활을 했지만, 요즘 칭찬일기를 쓰면서부터는 집안이 좀더 화목해지고 부모님과도 사이가 좋아진 것 같고…, 이런 걸 느끼게 되니까 나도 사랑받고 있구나, 하는 생각을 하게 되었다.

* 그동안 보지 못했던 부모님의 숨겨진 아름다운 모습을 볼 수 있었다.

문득 엄마 생각에

요즘 힘든 일들이 많이 있었다. 3학년이 되고 보니 생각도 많아지고 그만큼 많이 힘들었다. 그런데 그때마다 칭찬일기를 통해 내 곁에는 항상 엄마아빠가 있다는 걸 절실히 느끼게 되었다. 엄마아빠의 사랑을 더 많이, 그리고 더 자주 느끼게 되니까 그만큼 엄마아빠를 생각하는 시간도 늘게 되었다. 학원이나 학교에서 공부하다 문득 엄마 생각에 문자를 보내기도 했다. 엄마의 힘든 모습과 주름살이, 그리고 그동안은 느끼지 못했던 아빠의 처진 어깨가 보이기 시작했다.

* 칭찬일기를 쓰면서 알았다. 엄마아빠는 언제나 힘든 일을 하시면서도 우리 앞에서는 늘 웃으신다는 것을….

23 따뜻한 생강차 한 잔

랑, **찬**찬히 조금씩 갚아 드리겠습니다. **부**자간에 싸우지 말자. **모**녀간에 싸우지 말자. **임**자와 싸우지 말자. **칭**찬하며

엄마의 대답이 나의 마음속을
포근히 감싸 안아주는 것 같다.

칭찬은 동해에 떠오르는 태양.
퇴근을 맞아주는 딸의 생강차
한 잔과 칭찬 한 마디는 엄마의
지고한 사랑과 하나 되어
우리를 감싸고 있다.

24 아이스크림

집안에서 나의 경쟁자는 누나다.
매일 다투는 우릴 보고
엄마도 야단이시다.
그만 싸워-
때론 그런 내가 싫기도 하다.
누나에게도
칭찬을 해볼까?
누나가
나먹으라고
아이스크림을
남겨 놓았네.

누나가 많이 변했다.

칭찬은 바라는 것들의 실상이요, 보지 못하는 것들의 증거. 착해지려고 노력해도 잘 안 됐는데, 칭찬 때문에 누나가 힘을 많이 얻었다.

점들을 **모**조리 찾아 감사함을 담아 **임**명장을 주듯 **칭**찬을 해 드렸다. 앞으로 더 부모님의 좋은 점을 **찬**양해 드려야지.

25 존재감

부질없는 일이라 생각되어도, 내 칭찬이 **모**자란다는 생각이 들어도 꾸준히 부모님을 칭찬하면 언젠가는 신 **임**을 얻게 될 거니, 부모

정말 그런 것 같다.
있다는 그 존재감만으로도…

칭찬은 나를 확인시켜주는
주민등록증. 부모가 가장 듣고
싶어 하고 감동하는 칭찬이
바로 "옆에 계셔서
감사하다"는 말이다.

부모님도 관심이 필요하단 걸…

그동안 부모님을 칭찬하면서 느꼈습니다, 부모님도 관심을 필요로 한다는 것을. 저는 그동안 잊고 있었는지도 모릅니다. 제가 해 달라는 대로 다 해주시는 부모님을 어쩌면 요술방망이 정도로 생각하고 있었는지도 모릅니다. 전 칭찬을 하면서 부모님도 저와 같은 사람이며 관심을 필요로 한다는 것을 느꼈습니다. 저는 부모님을 사랑합니다. 물론 부모님도 저를 사랑하시겠지요. 저는 이제부터라도 부모님께 칭찬을 많이 해드리겠습니다. 기나긴 14년 세월의 은혜를 다 갚을 순 없겠지만 이 길만이 제가 효도할 수 있는 방법이라는 생각이 듭니다 ♥ 엄마아빠, 사랑합니다 ♥

* 아빠께서 이렇게 좋아하시는 것을….
칭찬, 이젠 자주 해드려야겠다.

엄마 아빠의 미소

엄마아빠, 제가 지난 몇 달간 두 분 모르게 칭찬일기를 썼어요. 제가 칭찬을 처음 할 때의 쑥스러움과 어색함처럼 저의 칭찬을 받으시고 쑥스러워 하시고 어색해 하시는 엄마아빠의 모습을 보았습니다.

저에게는…, 칭찬을 할 줄 모르는 저에게는 칭찬활동이 얼마나 어렵고 쑥스러운 일이었는지 모릅니다. 하지만 부모님의 반응이 어색함과 쑥스러움에서 밝은 미소, 따뜻한 한 마디 말로 바뀌는 것을 보고 난 후 더 열심히 하려고 노력했습니다.

대단한 칭찬은 아니었지만…, 칭찬일기를 쓰는 동안 부모님의 밝은 미소는 너무나도 기분 좋았습니다.

지금까지 따뜻한 말 한마디, 감사하다는 말 한마디 못해드리고…. 칭찬을 하면서 부모님의 사랑도 다시 느낄 수 있었고 부모님께 죄송한 마음도 들었습니다. 못나게 굴었던 저를 지금까지 돌봐주시고 지켜봐주셔서 감사합니다.

엄마아빠…, 지금부터라도 부모님께 잘하는 딸 지혜가 되도록 노력하겠습니다. 엄마아빠, 고맙습니다. 그리고 사랑합니다.

딸 지혜 올림

목했으면 합니다. **부**모님은 항상 우리를 잘 보살펴주신다. **모**자란 것이 많아도 사랑해주시고…. **임**을 향한 마음도 이럴까–ㅁ– **칭**찬

을 할 땐 어색했지만 **찬**찬히 생각해보면 뿌듯하다.

부모님께 칭찬일기를 보여드렸다. **모**자란 부분이 많아서 너무 창

| 세번째 이야기 | 어느 순간 엄마아빠와 친해졌어요 |

26 사랑의 흔적

피했지만 아빠께서는 "**임**마~ 아빠 몰래 이런 거 하니깐 스릴 있지?" 하면서 은근히 **칭**찬해주셨고, 엄마는 나를 위해서 **찬**거리를 더

밀려드는 엄마 생각에
난 더 크게 울고 말았다.

혼자라 느껴질 때,
버려졌다 느껴질 때,
주위를 잘 둘러보세요.
누군가의 사랑의 흔적이
당신을 지켜주고 있을 테니까….

27 | 세번째 이야기 | 어느 순간 엄마아빠와 친해졌어요 |

세계 최강 조선무

힘이 세 보인다. **칭**찬을 통해 잘 알 수 있었다, 부모님의 마음을. 그 마음은 매섭게 부는 **찬**바람도 이겨내고도 남는 그런 마음이었다.

장난 섞인 칭찬이지만
그 안엔 깊은 뜻이 담겨 있다.

칭찬은 언 땅을 뚫고 나오는
새싹. 두 자매의 서로
사랑하고 의지하는 모습이
가슴을 뭉클하게 한다.
어려움을 감사와 칭찬으로
극복하는 삶의 지혜가
눈부시게 빛난다.

부모님을 칭찬하는 것은 **모**자란 내가 하기엔 너무 힘들었다. **임**을 향한 내 마음을 표현하는 것만큼 **칭**찬은 힘들었다.

"있을 때 잘해"

솔직히 많이 힘들었다. 어쩌면 내가 방법을 몰라서 헤맸던 것인지도 모르겠다. 애정 표현 방법을 잘 몰라 늘 생각은 하고 있으면서도 정말 말을 해야 할 땐 사랑한다는 그 말을 못하고 괜한 자존심으로 쓸데없는 고집 부리면서 언니 가슴 아프게 한 적 많았다. 그렇지만 이제는 말할 수 있을 것 같다. 언니도 나와 같이 애정 표현 좋아하고, 다른 사람들처럼 누군가 자기를 생각해주고 사랑해준다는 사실을 알아야만 살고 싶어질 테니깐 말이다.

'있을 때 잘해'란 말은 정말 없어져야만 알 수 있는데 내가 그걸 다른 애들보다 먼저 알게 된 이유도 좀더 느낄 수 있게 되었다. 이제 정말 언니를 잃기 전에 먼저 말할 것이다. 사랑한다고…ㅎㅎㅎ

* 내가 살아 있어 행복한 이유 중 하나가
다른 사람에게 칭찬을 받을 수 있다는 것이다.

우리 집, 내 보물 1호

사랑하는 아빠께♡

아빠!! 안녕하세요 ^_^ 아빠한테 존댓말 쓰는 것도 참 오랜만인 것 같아요♥ 아빠와 할머니를 몰래 칭찬하면서 아빠의 숨겨져 있던 유머 실력과 할머니의 여린 마음을 보게 되었어요 ^_^ 또한 가족이 제일 소중한 보물 1호가 되었지요.

칭찬일기를 쓰면서 아빠와 할머니를 요것 저것 살피다 보니 아빠와 할머니께서 저를 키우시면서 얼마나 힘드셨는지를…, 내가 성질내거나 투정 부릴 때 방안에서 얼마나 슬퍼하시고 힘들어 하셨는지를 보게 되었어요.

아빠!! 이제 아빠 딸 슬기는요…, 아빠의 힘든 모습을 본 만큼, 아빠의 힘드시고 슬프셨던 마음만큼 더욱 착하고 예쁜 딸로 자랄게요 ^_^

아빠!! 비록 엄마가 없어도 저는 잘 일어설 수 있을 거예요 ^_^ 나를 제일 사랑하시는 아빠가 계시니까요 ♡ 아빠!! 사랑해요. 그리고… 죄송하고, 감사해요 ^_^♥

* 칭찬활동을 하면서 나의 찬 마음이 따뜻해졌다.

28 엄마의 왼팔

칭찬을 해 드렸다. **모**두들 나를 보고 의아해 한다. **임**을 향해 고백하는 것처럼 **칭**찬을 잘하는 것은 어렵다. **찬**사를 이 일기를 만드

칭찬은 비올 때 쓰는 넓은
우산. 심은 대로 거둔다고,
엄마가 사랑을 심었더니 딸도
사랑으로 응한다. 혜경의
생각이 너무 아름답다.

신 선생님께 마음껏 보내고 싶다.

부모님 사랑해요. **모**질게 날 대하실 때도, **임**금님처럼 잘해주실 때에도. **칭**찬 잘

| 세번째 이야기 | 어느 순간 엄마아빠와 친해졌어요 |

29 어버이날 드린 사탕

칭찬은 어두운 밤을 비춰주는 달빛. 어버이날 할머니께 드린 사탕은 바로 생명이고 기쁨이고 참 효도였다. "할머니, 더 힘내시고 오래 오래 사셔서 손자 녀석 지켜봐주세요."

미소를 잃지 않으셨으면…

어머니.

돌이켜 보면 제가 어머닐 기쁘게 해 드린 것보단 실망시켜 드린 게 더 많은 것 같아요. 내색은 안 하시지만 힘들어 하시는 거 알아요. 그런데도 멋모르고 철없이 굴었다는 게 너무 죄송하고요, 비록 시켜서 한 일이었지만 제 칭찬이 어머니를 기쁘게 했다는 것이 너무나 기쁘고, 고맙습니다.

시험 시간인데도 공부하는 것 같지 않아서 많이 속상하시죠? 저 나름대로 열심히 하고 있으니 너무 걱정 마세요. 이번엔 절대로 어머니를 실망시켜 드리지 않을게요.

어머니, 미소를 잃지 않으셨으면 합니다.

* 엄마의 웃음이 곧 행복이란 생각이 들었다.
그 행복을 위해 칭찬 계속 열심히 해야지.

장미꽃 백송이

사랑스런 울 딸 미정아!

엄마는 미정이가 언제까지나 애기인 줄 알았는데, 칭찬일기에 써놓은 내용을 보고 얼마나 기특하고 대견하던지…. 엄마 마음속에 풍선이 가득하고 장미꽃 백송이가 피었단다. 또래 아이들에 비해 조금 늦는 감이 있지만 엄마는 절대 실망하거나 조급해 하지 않는다는 것, 미정이도 알고 있지? 교과 성적도 조금씩 향상 중이니까 절대 포기하지 말고 지금까지 해왔듯이 엄마랑 같이 노력하자구나. 울 딸 미정이는 미술에 재능이 뛰어나니까 분명히 미정이가 바라는 디자이너 꿈이 이루어질 거야~ "꿈은 이루어진다!" 알지?
미정아! 엄마가 건강이 안 좋아서 정말 미안하다. 친구들과 우정 많이 쌓고, 예쁜 추억도 만들고. 착한 딸 미정이의 엄마는 지금처럼 항상 네 편이란다.
끝으로 도덕 선생님께 감사드리면서 이만 줄일게~

11월 3일 새벽2시에

밤을 잊은 엄마가

아빠의 한숨

부모님의 **모**자를 사러갔는데 **임**현식 아저씨를 만났다. 나한테 **칭**찬을 많이 했다고 **찬** 음료수를 사줬다. **부**자가 화

내 말 한마디가
아빠를 기분 좋게 한 것 같아
기분이 참 좋다.

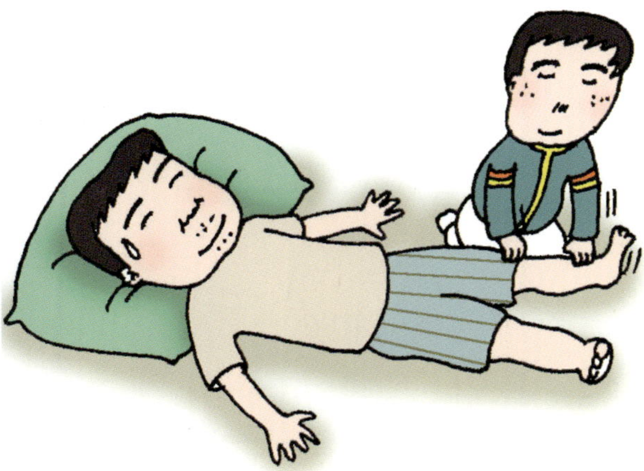

칭찬은 종이 한 장을 맞드는 것. 자식들 앞에서 힘든 모습을 보이지 않으려고 헛기침하시는 아빠도 때로는 무거운 짐을 벗고 싶을 것이다. 아빠, 이제는 함께 짐을 나누세요.

를 내며 분수대 옆을 지나가다가 **모**처럼 만난 이웃집 아기. **인**정사정없이 **칭**얼대는 아기를 **찬**물이 있는 분수에 던졌다(–.–;;; 못된

8대2 가르마

놈). **부**모님 정말 철없고, 아무것도 **모**르는 절 이렇게 키워주셔서 감사합니다. 부모 **님**~ 정말 감사합니다. **칭**찬보단

어느새 아빠 머리에 흰머리가 늘었다.
마음이 아프다.
잘 해 드리지 못한 내가…

늘어가는 아빠의 흰머리를 보며 마음 아파하는 예쁜 딸이 있어 아빠는 절로 힘이 난다. 외로움도, 슬픔도, 아픈 추억도 모두 가 버려라. 칭찬은 울며 웃으며 받아든 대학 합격증.

꾸중을 더 많이 듣는 저이지만, 또 꾸중할 때는 무섭고 **찬** 부모님이지만, 이제 알았어요. 그게 부모님의 사랑이란 걸요.

32

엄마의 손

엄마가 손톱을 깎아주신다.
-톡-
내가 해도 되는데…
엄마 건 내가 해줄께…
기분이 좋다.
이럴 때 칭찬을 해드려야겠다.
-톡-
엄마 손이 너무 예쁘다.

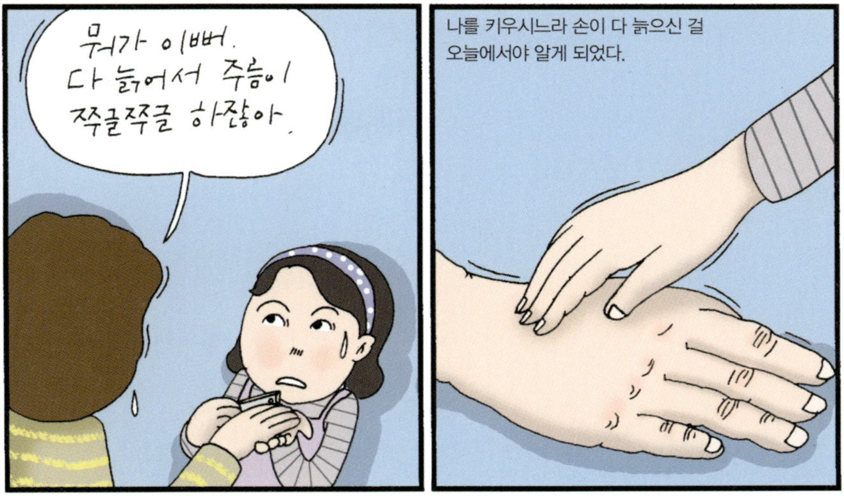

마음이 뭉클해서 눈물이 났다.

부모님의 사랑을 주름진
손에서도 발견하게 하는 것이
바로 칭찬이다. 한 번 속 썩일
때마다 주름 하나 더
생긴다는 사실을 딸은 이제야
알게 되었다.

란하고 밝게 빛나는 보물이다.

부모님 감사합니다. **모**처럼 부모님을 칭찬했습니다. **님**께서 저를 칭찬하시면서 느끼셨

고맙다는 그 한 마디

칭찬일기를 쓰면서 나 한 사람의 활기찬 칭찬과 격려로 가족 모두가 서로 간의 오해, 걱정 등에서 벗어나 마음의 안정을 취할 수 있다는 것을 알게 되었다. 그동안 칭찬은 못할망정 반항이나 하고 말대꾸나 하면서 대든 걸 생각하면 창피해서 아무 말도 못하겠다.

난 이 활동이 많은 사람들에게 상당한 도움을 줄 거라고 생각한다. 나는 이 활동을 통해 형과의 오해, 부모님과의 갈등을 풀 수 있었기 때문이다. 그리고 칭찬을 하면서 자신도 모르는 사이에 밝고 활발하고 인정이 많은 '나'로 변한 것 같다. 칭찬을 하는 사람이 성격이 어두울 리 없다. 설사 어두운 사람이라고 해도 부모님, 친구, 친척 등에게 한번이라도 칭찬을 실천한다면, '미안하다', '고맙다'는 말 한 마디만 한다면 결국 상대방은 울기도, 웃기도 할 것이다. 이러면서 문제가 풀리는 것 같다. 나도 처음 칭찬할 때에는 성적표를 보여줄 때와 같이 심장이 터질 것 같고 미칠 것 같았지만 한 번 하고 나니까 그 다음부터는 문제가 되지 않았다. 난 이 정도의 효과를 보았다. 그렇게 어려워하던 '고마워', 이 한 마디를 진정으로 배웠다는 게 너무 기쁘다.

나도 부모님이 되면

칭찬활동을 하면서 받은 보상이 무지하게 많았던 것 같다 -o- 뽀뽀, 용돈+5000원, 아이스크림 등 =_=

칭찬이 그리 쑥스럽거나 하지는 않았지만 아무리 허물이 없어도 칭찬하는 건 좀 부끄러웠다 =ㅁ= 칭찬 활동을 하면서 부모님께 선물을 사 드리는 것이 효가 아니라, 진심으로 기쁘게 해 드리는 것이 바로 효라는 사실을 배우게 되었다. 앞으로도 부모님이나 아는 사람들에게 칭찬을 많이 할 수 있도록 노력해야겠다 +ㅠ+;; 또 나도 부모님이 되면 -o-;; 칭찬 받을 수 있는 부모님이 되고 싶다 +ㅁ+;;

* 나도 아빠가 되면 잘할 수 있을까…?

니. 어머니의 찬 손을 잡으면 가슴이 뭉클해집니다. **부**모님이 있어서 정말이지 행복하답니다. **모**든 걸 스스로 할 수 있

게 해주시는 것도 그렇지만, 무엇보다도 엄마아빠가 제 부모님이란 게 제일 좋아요. "**임**마, 힘내" 하며 가끔은 무뚝뚝하시지만 든든하

| 세번째 이야기 | 어느 순간 엄마아빠와 친해졌어요 |

33 내 옆에는 늘 엄마가…

고 친구 같은 아빠, **칭**찬과 격려를 아끼지 않는 우리 엄마. **찬**사와 박수를 보냅니다. **부**모님 감사 합니다. **모**기가

엄마가 매일 미웠는데…
그 미움들이 모두 없어졌다.

엄마의 사랑은 늘 푸른
소나무. 바람이 불어도
눈보라가 쳐도 꿋꿋이 자식들
곁을 지키며 서 있는
우리 엄마.

물지 않게 해주셔서, **임**금님처럼 대해주셔서 부모님을 **칭**찬 '이빠이(일본말, 죄송!)' 하겠습니다. **찬**란하게 커가며 부모님을 꼭 기쁘

34 그리운 엄마의 잔소리

엄마가 빨리 나으셨으면 좋겠다.

칭찬은 병을 고치는 의사.
한 번의 칭찬은 한 첩의
보약이란다. 딸의 세련된
칭찬에 엄마 병은 틀림없이
다 나았을 것이다.

35

아빠의 처진 어깨

아빠가 술을 드신다.
어둡고 무표정한 얼굴로.
얼마 전 하시던 가게를 정리하고…
폐업
아버지는 요즘 고민이 많으신 것 같다.
제가 어깨 주물러 드릴 게요.

아빠의 축 처진 어깨를 보니
마음이 너무너무 아팠다.

아빠는 참 외롭고 힘이 듭니다. 그래도 딸이 이해해주고 자랑스러워 하니 얼마나 힘이 되는지 모릅니다. "아빠, 저 예쁜 딸 될테니 이제 처진 어깨 좀 추스르세요. 아빠, 사랑해요."

몸 던지는 심청처럼 되어야겠다는 생각을 했다. **칭**찬을 많이 해서 효녀가 되어야겠다는 생각을 했다. **찬**란한 우리 집의 화목함을 꿈

전국 모든 학교에 칭찬일기 바람이 불었으면

글쎄…, 처음에는 이 칭찬일기 활동이 도움이 될까, 숫기가 없거나 원래 부모님한테 그런 말을 못하는 나 같은 애들이 잘할 수 있을까, 하고 생각했는데….

행동으로 직접 해보고 나자 처음과는 다른 생각이 들었다. 물론 처음엔 어색하기도 하고, 낯도 뜨거웠는데 칭찬 횟수가 점차 늘어남에 따라 점점 자연스러워졌다. 이젠 반응하시는 부모님도 "얘가 왜 그러나" 하기보다는, 오히려 은근히 그런 말들을 기대하시는 것 같다.

칭찬일기를 전국의 모든 학교가 시행했으면 하는 바람과 더 나아가서는 이 활동이 생활화되고 서로 칭찬하며 이해해주고 서로를 지켜봐주는 부모님과 자녀가 되었으면 좋겠다. 칭찬이 생활화되는 그날이 오기를 바란다.

* 이 칭찬 교육이 전국으로 퍼져 전국에 있는
모든 가정이 행복해졌으면 좋겠다.

꾸면서.

부모님을 칭찬하는 것이 **뭐**가 이렇게 힘든 건지 **이**미 지나간 일이지만 정말 마음이 담긴 **칭**찬 한 마디 못한

태산처럼, 누운 풀처럼

사랑하는 현수에게

꾸지람보다는 칭찬을 해야 한다고 늘 생각하면서도 우리 현수 잘 되라는 핑계로 칭찬보다는 꾸지람을 하게 되더구나. 학교에서 이렇게 칭찬일기라는 좋은 숙제를 내주셨구나. 현수의 칭찬일기를 보면서 반성을 많이 하게 되었다. 엄마아빠도 많이 노력할게. 무심코 던진 돌에 개구리가 맞아 죽는다고 이 세상을 살아가면서 상대방을 늘 배려할 줄 알고, 마음 다치지 않게 대화할 줄 알고, 늘 언행일치의 생활이었으면 하는구나.

엄마아빠는 늘 우리 현수를 자랑스럽게 생각한단다. 아빠가 아팠을 때도 많이 내색하지 않고 꿋꿋이 우직하니 자기 생활 충실히 하고 가족을 항상 사랑하고 배려할 줄 아는 우리 현수가 이 세상에서 제일 멋진 남자야.

밝은 미래를 위해 열심히 노력하는 현수 파이팅! 태산 같은 자부심을 가지고 누운 풀처럼 자기를 낮추면서 역경을 참아 이겨내는 멋진 인생 살아가자구나.

2003년 7월 3일에

엄마가

36 양파 때문에

난 엄마아빠와 같이 산다.
너무 당연한가?
우린 같이 산 지
얼마 안 되었다.
무슨 이유에서인지
우리 엄마아빠는
오랫동안 같이 살지 않았다.
그런데 얼마 전 엄마가 돌아오셨다.
난 너무나 기쁘다.
엄마가 부엌에서
식사 준비를
하실 때…
엄마가 만든 음식, 매일 먹으니깐 행복해요.

나도 양파 때문에
눈물이 난다.

엄마가 만들어주시는 음식을
먹을 수 있다는 것이
얼마나 큰 복인지….
칭찬은 매운 양파 때문에
흘리는 눈물.

금님 딸보다 더 잘 키우려는 마음. 내가 **칭**얼대도 다 받아주시는 부모님께 **찬**사를 보냅니다. **부**모님은 나의 **모**자란 점

37 | 세번째 이야기 | 어느 순간 엄마아빠와 친해졌어요 |

엄마 생일

가슴 한끝이 찡하다. 밝게 웃는
엄마의 얼굴이 영원했으면 좋겠다.

고생에도 웃게 만드는 것이 바로 사랑이다. 엄마의 끈끈한 사랑이 감동적으로 느껴진다. 정말이지 칭찬은 희생이고 감동 그 자체인 것 같다.

우리를 잘 보살펴주신다. **모**자란 것이 많아도 사랑해주시고…. **'님**을 향한 마음도 이럴까?' **칭**찬을 했을 때 어색했지만 **찬**찬히 생

칭찬 後愛(후애)

바로 이 맛!

맨 처음에는 뭐 이런 수행평가가 다 있어, 하고 생각했다. 왜냐하면 좋은 의도인 것은 알고 있었지만, 황당하고 유치했기 때문이다. 그래도 수행평가니까 어쩔 수 없지, 하는 식으로 시작했다.

처음에는 귀찮았다. 부모님도 별다른 반응을 보이지 않았고, 무엇보다도 어려웠다. 칭찬거리를 찾는 것이 엄청나게 어려웠다. 그러나 한 달이 지나자 달라졌다. 엄마가 웃으신 것이다. 미소를 보여주신 것이다. 미소를 보니 덩달아 기분도 좋아졌다. 그 맛에 나는 칭찬을 했다. 비록 칭찬거리를 찾기가 어려워서 자주 하지는 못했지만….

이 맛을 모르는 반 아이들이 일기를 서로 베껴 쓰는 것을 보며 나는 속으로 쯧쯧 했다. 어리석은 중생들(–_–;;) 하고 중얼거리면서.

나는 숙제가 끝나도 계속 칭찬할 거다. 이 맛을 알려준 칭찬일기가 너무 고맙다.

* 요즘에는 집이 좋다.

우리 집은 내가 지켜요!

이번 칭찬일기 수행평가가 나에게 준 것은 참 많다. 물질적인 것도 정신적인 것도. 여러 가지 안 좋은 일이 겹쳐서 우리 집 분위기가 살벌하고 재미없고 조용했는데 때마침 칭찬일기를 접하고 그것을 실천에 옮기게 되니까 우리 집이 한층 더 새로워진 것 같고 참 보기 좋은 모습으로 변하게 되었다. 물론 처음에는 '얘가 왜 이래?', '뭘 잘못 먹었어?', '하지 마! 징그러워~' 이런 식의 말들이 나를 아쉽고 기분 나쁘고 서운하게 만들었지만 이런 분위기를 없애기 위해 자주 말도 붙이고 칭찬을 하게 되면서 부모님도 점점 내 맘을 이해해주시고 나중엔 내 칭찬을 들으실 때마다 기분 좋게 미소를 지어주셨다. 이번 칭찬일기를 통해 바뀐 것이 참으로 많다. 앞으로도 우리 집 분위기를 계속 지켜가기 위해서 가족과 자주 대화해야겠다.

* 엄마아빠께서 같이 오붓하게 계신 모습을 계속 보고 싶다.
그러기 위해서는 내가 칭찬을 많이 해야겠지!!

를 가져도 부모 **님**의 **칭**찬 한 마디와는 바꿀 수 없습니다. 어떤 일에든 **찬**찬히 잘 돌봐주시고 이끌어주시는 부모님을 사랑해요.

아침 일찍 못 일어날 때마다
깨워주시는 아빠.

우리 가족은 칭찬할수록
무서워져서 앞으로의 생활이
무지무지 걱정된다.

부모님께 칭찬을 **모**처럼 하려니까 정말 힘들다. 그렇지만 나의 **임**무라고 생각하고 열심히 했다. **칭**찬을 하면 할수록 가정 분위기가

38 | 세번째 이야기 | 어느 순간 엄마아빠와 친해졌어요 |

아빠는 왜 살아요?

아빠의 우시는 모습에
왠지 나도 모르게 눈물이 난다.

사는 이유가 너 때문이라고
울면서 말씀하시는 아빠의
삶에서 깊은 사랑과 외로움이
묻어 나온다. "아빠, 이제 울지
마세요. 제가 이렇게 아빠
곁에 있잖아요."

| 세번째 이야기 | 어느 순간 엄마아빠와 친해졌어요 |

39 밥 더 줄까?

도, 아무런 표현도 못하는 당신…. 어색하지만 **칭**찬 한번 해보세요. **찬**바람만 불던 당신의 가정에도 따뜻한 바람이 찾아갑니다.

작은 칭찬의 말이었지만,
그 한 마디에 할머니가 기분이 좋으셨나 보다.

칭찬은 한없이 먹는 돼지.
분명히 할머니는 하루 종일
웃으면서 "아이구 예쁜 우리
손자, 내가 오래 살기를
잘했지" 하고 말씀하셨을
것이다.

| 세번째 이야기 | 어느 순간 엄마아빠와 친해졌어요 |

40 엄마, 힘들 땐 울어도 괜찮아

님! 그동안 고이 길러주신 은혜 잊지 않겠습니다. 항상 한결 같은 **모**습으로 자식을 낳아 길러야 한다는 **임**무를 맡았기에 힘들어도 힘

이보다 더 나은 칭찬이 어디 있을까? 이보다 더 큰 위로를 어디에서 받을 수 있을까? 집안의 그 힘든 일을 혼자서 지고 가야 하는 줄 알았는데, 철부지요 어린애 같던 딸이 어느새 친구가 되어 엄마를 이해해주고 무거운 짐을 나눠 지고 있다.

내가 살아 있어 행복한 이유

칭찬일기를 쓴 지 3개월이 다 되어 간다. 처음에는 칭찬하는 게 쑥스러워서 잘하지 못했지만 시간이 지나면 지날수록 자연스러워졌다. 칭찬이란 것은 내가 생각해도, 아니 누가 생각해도 들으면 기분 좋다.

나는 칭찬일기를 통해 느낀 점이 많다. 처음에는 어떻게 해야 할지 막막하지만 잘 관찰하다 보면 칭찬 타이밍을 느낄 수 있다. 칭찬을 하다 보면 그 사람의 변화된 모습도 볼 수 있다. 말 한 마디로 천 냥 빚을 갚는다는 말이 드디어 이해가 되었다. 부모님을 칭찬하면서 나 또한 조금씩 변하는 것을 느낀다.

칭찬활동이 끝난 후 지금 보고서를 쓰고 있다. 정말 많은 것들이 생각나서 무엇부터 써야 할지 고민이 될 정도다. 이제는 부모님만이 아닌 친구, 선생님 모두에게 칭찬의 말을 전하고 싶다. 선생님에게는 가르쳐주신 은혜를, 친구들에게는 고마움, 부모님에게는 사랑과 고마움의 표현을 되도록이면 자주 하고 싶다. 칭찬에 대해 생각해보면 말로는 다 표현할 수 없을 것 같다. 하나하나 써 내려간 서른두 개의 칭찬일기는 한 순간 한 순간 모두 기억하고 있다. 물론 시간이 지나가면 잊혀질 테지만, 그래도 나에게도 그런 좋은 순간들이 있었단 사실만으로도 웃음 지을 수가 있다.

이 기회를 통해 많은 것을 얻었지만 그 중에서도 가정의 화목이 가장 중요한 것 같다. 내가 살아 있어 행복한 이유 중 하나가 다른 사람에게 칭찬을 받을 수 있다는 것이다.

* "엄마는 너 절대 포기 안 해!" 난 아무 말도 할 수 없었다.
엄마, 태어나주셔서 감사해요.

말로 미안하고요, 다시 한번 사랑해요.

부모님을 칭찬해 드리는 것은 쉬운 일이 아니었습니다. 어색하고, 낯설고, 부끄

칭찬 後愛(후애)

칭찬, 나를 철들게 한 고마운 친구

처음 선생님께서 칭찬일기를 쓰라고 하셨을 때 솔직히 당황했다. '이걸 어떻게 하지' 하고 고민도 많이 했고, 막막하기만 했다. 하지만 시작이 반이라 생각하고 칭찬을 해보려고 했지만 언제, 어떤 상황에서, 어떤 말로 칭찬을 해야 할지 몰라서 내가 이 정도로 칭찬을 안 해봤구나 하는 생각이 들었다. 칭찬을 할 때마다 너무 어색하고 쑥스러워서 당장이라고 그만두고 싶은 마음이 들었다. 하지만 하나씩 더 써 갈수록 엄마아빠와 가까워지는 걸 느낄 수 있어서 꾹 참고 열심히 할 수 있었다. '이게 무슨 효과가 있을까' 하고 생각했지만 내가 예상했던 것과는 달리 칭찬을 하면 부모님께서도 부끄러워하시고 익숙하지 않아 어색해 하시면서 이상한 반응을 보이셨다. 하지만 그 말과 행동들 속에 부모님께서 기뻐하시고 행복해 하시는 걸 느낄 수 있었다. 그리고 내가 칭찬했던 상황들이 부모님께서 나에게 뭔가 해주시거나 날 위해주시는 때여서 하면 할수록 부모님께 감사하고 죄송한 마음이 들었다. 내가 평소에 느끼지 못하고 혼자 삐딱하게 생각해서 그랬지, 사실 부모님은 날 정말로 아껴주셨던 것이다. 가끔 부모님의 신통치 않거나, 내가 예상했던 반응이 없었을 때는 실망하기도 하고 서운하기도 했다. 처음 시작

렵고. 그러나 그 무엇보다도 힘들게 했던 건 **모**진 부모님의 반응이었습니다. 정말 그럴 땐 하기 싫었습니다. **임**기응변! 저는 여기에

할 땐 이렇게 칭찬하면 돈 주겠지, 뭐 사주지 않을까 하는 생각으로 억지로 했는데 나중에는 부모님의 반응이 궁금해서 하게 되었다. 솔직히 이걸 써서 부모님과의 사이도 좋아지고 부모님도 나를, 나도 부모님을 이해할 수 있는 계기가 돼서 좋긴 했는데…, 막상 숙제라서 그랬다는 걸 부모님이 아신다면 슬퍼하시고 서운해 하시지는 않을까 걱정된다. 칭찬했던 내용 중에 가식도 있었고 거짓으로 칭찬할 때도 있었지만 내가 느끼고 키워왔던 마음만은 진심이었단 걸 부모님이 알아주시길 바란다. 칭찬일기, 처음엔 짜증나고 열 받는 숙제일 뿐이었지만, 알고 보니 우리 가족을 이어주고 나를 철들게 해준 고마운 도우미였다.

* 전에는 못 느꼈는데 부모님이 나를 위해 수고하시는 것이 정말 감사하다.

굴하지 않고, 때에 맞은 적절한 칭찬을 함으로써 **칭**찬 후의 반응은 날로 날로 좋아졌습니다. **찬** 얼음장 같던 반응은 이제 사라진 지

TV 속 화목한 가정은 가능하다

평소엔 부모님께 말을 해도 툭툭 내뱉기만 하고 관심도 없었다. 그리고 부모님이 나에게 무슨 관심만 가져도 난 귀찮아했다. 모든 게 다 잔소리로만 들리고…. 하지만 칭찬을 하면서 가족과 담을 쌓지 않고 서로에 대해 하나씩 알아갈 때 가정에 화목이 생긴다는 걸 느꼈다. 칭찬활동을 하면서 그동안 쌓였던 담이 하나씩 허물어지고 그 담들이 행복으로 바뀌는 걸 느꼈다. TV 속에 나오는 화목한 가정을 볼 때면 현재로서는 불가능하니까 내가 부모가 되면 그 때 꼭 이룰 거라 생각했다. 하지만 지금 현재 그것을 이루려는 생각은 하지 않았다. 하지만 단 한 명만이라도 가정의 화목을 이끌면 또 다른 한 명이 그것을 닮아가고 또 다른 한 명도 닮고…, 나아가 가족 모두가 하나가 될 수 있음을 알게 되었다. 한 명씩 가정에서 달아나게 되면 가정의 화목은 절대 이뤄질 수 없다. 가족끼리는 절대 부끄러워할 이유도 필요도 없는 것이다. 부끄럽다고, 가족 간은 말이 안 통한다고 대화마저 안 하면 안 된다는 걸 알았다. 가족끼린 대화로 모든 걸 해결할 수 있는데, 그 전엔 대화도 안 하고 마음속에 불만만 쌓아갔다. 하지만 칭찬을 하면서 대화할 시간이 자연스럽게 생기게 되었고…, TV를 보다 주위를 살펴보면 난 어느새 가족과 함

께 방에 있었다.

처음 칭찬을 할 땐 부모님께서 말뜻을 깊이 생각 안 해보고 그냥 대충 반응하셨다. 그렇지만 시간이 점점 지날수록 부모님도 어느새 나의 칭찬 속에 들어와 살고 계셨다. 내 칭찬에 부끄러워하고 쑥스러워하는 부모님의 표정을 읽을 수 있었다. 누군가를 마음 깊이 사랑해주고, 깊이 사랑받는 일이 이렇게 큰 기쁨이, 즐거움이 되는지 지금까진 느끼지도, 알지도 못했다. 지금이라도 느끼게 되어 참 다행이다. 지금까지는 처음이라 칭찬을 서른 개밖에 못했지만, 이젠 칭찬이 적응되었으니 서른 개가 아닌 몇 백 개, 몇 천 개…, 아니 평생 칭찬을 해서 가족끼리 서로 얼굴 붉히는 일이 없도록, 가정이 더욱 화목해질 수 있도록 내가 이끌 거다. 가정을 화목하게 하는 것이 어렵지 않다는 것을 칭찬을 통해 알게 되었으니까 이젠 가족을 대하는 게 두렵지 않다. 다른 어떤 집보다 행복한 집, 사람들이 항상 오고 싶어 하는 집을 만들도록 내가 앞장설 것이다.

* 지금까지는 아빠께서 나의 든든한 우산이 되어주셨지만,
이제는 나도 아빠께 힘이 되는 그런 우산이 되었으면 좋겠다.

좋은 것이라는 말에 정말 정말 **찬**성한다.

부모님 칭찬하기는 참으로 힘들었습니다. **모**질게 마음먹고 하려고 해도 잘

| 에필로그 |

칭찬의 계단

안 됐습니다. **임**금님이 명령해도 못할 것 같았습니다. **칭**찬이라는 건 듣기에는 좋지만 하기는 참 힘든 것 같습니다. **찬**바람이 부는

만화가 장차현실과 21세기북스의 김성수 씨, 박 팀장님…

썰렁함을 맛보기도 했습니다.

부모님이란 **모**든 것을 다 버려도 안 아까운 존재. **님**은 **친**구같이 편안한 존재. **찬**

우리 아이들은 '비밀'스럽게 '마음 졸이며' 부모님을 칭찬하기 위해, 부모님의 생각과 행동과 말을 세심하게 관찰해야만 했다.

부모님의 습관과 버릇을 알게 되니까 부모님이 왜 그렇게 말씀하셨고, 왜 그렇게 행동하셨는지 이해된다. 부모님은 무엇 때문에 아파하시고 무엇 때문에 기뻐하시고 무엇을 싫어하시는지를 생각한다. 부모님의 입장이 되어서 생각하게 되고 감사하게 되고 나중에는 진심으로 부모님을 칭찬하게 된다. 관찰하다 보니 부모의 역할이 그렇게 힘든 줄 몰랐다며 부모님을 자랑스러워한다. 부모님이 소중한 분이라는 것을 깨닫게 되니까 나도 소중한 사람이라는 것을 알게 된다.

나는 부모님께 귀찮은 존재인 줄 알았고 칭찬에 그렇게 좋아하실 줄 몰랐는데, 부모님도 웃으신다는 것을 뒤늦게야 알게 되었다.

항상 부모님만 탓하고 잘못을 부모님께만 돌렸는데 칭찬을 통해서 부모님에 대한 원망과 서운한 마음들이 모두 치유되고 나도 행복한 가정을 만들어가는 데 책임 있는 가족의 한 사람이라는 자부심을 갖게 되었다.

칭찬이 진행되면서 부모님의 반응이 달라지셨고 그 때부터 나도 부모님을 생각하는 마음이 진심으로 달라져서 그 큰 은혜를 꼭 갚아야겠다는 결심을 한다.

칭찬한 후에 적는 '나의 생각'을 통해서 아이들은 많은 생각을 하였고, 좀더 성숙한 인격을 쌓아가게 되었고, 가족을 새롭게 생각하게 되었다.

물론 칭찬이 교육의 전부는 아니다. 인생을 배우고 어른으로 성장하는 과정에서 아이들은 실수도 많이 하고 실망시키는 일도 많이 한다.

그래서 이들을 대함에 있어서는 인내가 요구되고, 대화를 나눠야 하고, 관심도 심어야 하며, 때로는 사랑이 담긴 호된 질책도 필요하다.

가슴 설레게 했고 잠 못 자게 했던 자녀의 칭찬이 학교 숙제였다는 것을 알고는 실망했던 몇몇 학부모들께는 용서를 구한다. 그러나 더 높은 교육 목표와 아이들의 행복한 미래를 위해서는 교사 스스로 감당해야 할 가슴 아픈 선택이었다.

앞으로도 칭찬일기를 통해 무너져가는 가정을 다시 세우고, 소외당하고 슬퍼하는 우리의 자녀들이 희망 찬 미래를 세우는 일에 최선을 다하고 싶다.

아이들의 칭찬일기를 소재로 만화를 그리면서 내내 기분이 좋았다. 때론 배를 쥐고 웃기도 했다…, 혼자서. 만화 작업을 하면서 칭찬이 아이들과 부모와의 관계를 바꾸어줄 것이라는 김상복 선생님의 기대가 성공했음을 느낄 수 있었다.

나는 다운증후군의 장애가 있는 15살 된 딸아이의 엄마로 아이가 아주 어릴 때부터 아이를 대하는 방법에 대한 고민이 많았다. 장애아의 경우 특히 영·유아 교육이 중요하다는 것을 들어왔던 터라 난 어리고 여린 딸아이를 데리고 복지관에서부터 사설 특수 교육 기관, 운동 치료 기관 등 여러 기관을 찾아다니며 다양한 교육과 치료를 병행해왔다. 그러면서도 아이 때문에 내가 좋아하는 일을 포기하고 싶지는 않은 욕심 많은 엄마였다. 가사일과 육아뿐 아니라, 자신의 일을 찾아 여성도 당당해지자고 스스로 부추기면서 사회적으로나 가정에서 어떤 배려도 없이 억척스런 엄마로서 많은 일을 해내왔다.

하루가 짧았다. 하지만 그것은 의무감 때문도 누군가의 요구 때문도 아니었다. 자신에게 부여된 생명과 능력을 일궈가고 사람들 속에서 자신의 존재를 인정받으며 사는 삶이 행복이라 믿었기 때문이다. 두 마리 토끼 잡으려다 모두를 놓친다는 협박(?) 속에서도 많은 일들을 겁 없이 욕심내서 했던 것은 그 때문이었다. 일하며 주체적으로 사는 엄마의 모습은 아이에게도 좋은 영향을 주었다. 덕분에 지금 난 일도, 아이도 잘 키운 아줌마로 소문나 있다.

아이가 자신에 대한 믿음을 갖고 행복하게 자랄 수 있는 방법은 무얼까 생각했다. 여러 가지 첨단 교육으로 많은 돈을 들여가며 교육하여 사람들이 말하는 정상(?)의

모습 비슷하게 만들면 되는 것인가? 난 그런 방법이 도무지 마음에 들지 않았다.

내 아이는 두 돌이 다 되어 가는데도 말문이 트이지 않아 나와 주변 사람들을 애태웠다. 그런데 얼마 후 '엄마' 라는 말을 또렷이 하는 것 아닌가! 그때 난 참으로 아이가 기특하단 생각을 했다. 장애의 원인인, 우리가 알기 힘든 무언가 다른 아이들과는 성장 속도를 맞출 수 없는 염색체의 이상 현상이 몸속에서 방해를 하였을 텐데 아이는 말하겠다는 의지로 스스로 말문을 틔운 것이다. 주변 사람들도 내 일처럼 기뻐해주었다. 나는 진심으로 아이를 칭찬해주었다. 나의 칭찬은 너는 무엇이든 해낼 수 있다는 믿음이었다. 누군가와 비교해 평가하는 것이 아니라 처한 상황에서 아이가 최선을 다했을 때 아이를 칭찬함으로써 안도감을 주고 가족으로서, 아이와 내가 그 소박한 결과에 대해 기쁨을 함께 나누는 것이다. 그 이후 크고 작은 많은 일들에 대해 아이를 칭찬해주었다. 그게 아이에게는 자신감과 의욕, 힘이 되었나 보다.

아이는 잘 자라주었다. 이제 사춘기를 맞이한 딸은 너무도 자발적일 뿐만 아니라, 간혹 엄마를 무시하는 자만까지 부려 나를 당혹케도 한다. 하지만 내가 주었던 칭찬은 살아남아 이제 나에게로 되돌아오고 있다. 나이가 들고, 겁이 많아지고, 자신감도 없어지는 엄마에게 내 딸은 칭찬으로 나를 부추겨준다.

"엄마 아름다워요…, 엄마 사랑해요…, 엄마 참 대단해요…."

칭찬으로 서로를 감싸 안는 아름다운 관계를 경험하며, 부족한 엄마와 딸은 함께 자라고 있다.

참으로 감사한 일이다.

부모님 얼굴에서 밝고 따뜻한 미소를 보니 좋았습니다. 엄마아빠, 항상 웃으시고 사랑합니다.

사이좋은 우리 가족. **임**금님 아빠도, 여왕님 엄마도 **칭**찬하니까 해바라기 같은 웃음을 지으신다. **찬**바람이 불었다가도 금세 따뜻한

저녁 식사를 하고 있었다.
오늘은 꼭 칭찬을 해야하는데…. 지금 할까?
아빠! 아빠는 축구 잘한다.
밥 먹다 뜬금없이 이런 말하니까 아빠가 어이 없으셨나보다.
아무 말씀 안 하시고 그냥 밥만 드신다.

엄마아빠가
부부여행을 간다며 좋아하신다.
두 분의 그런 다정한 모습이 좋아요.
니 생일날 가는데…
황당하다. 아무리 그래도 그렇지. 딸 생일날 가다니.

3개월 전, 도덕 시간에 얘기 나온 '칭찬일기'. 우리들은 어리둥절할 뿐이었다. 초등학교 때 '칭찬합시다'라는 활동을 한 이후로 서로 칭찬한다는 것은 생각도 못했다. 핑계일 수도 있겠지만, 이 바쁜 세상에 칭찬을 알아줄 사람은 없다고 믿었다. 그런데 난데없이 칭찬이라니, 그것도 부모님께 칭찬을 하라니.

받아들이기 힘들었지만, 나는 숙제를 해야 할 의무가 있었다. 난 우선 칭찬일기 뒤쪽에 있는 예문들을 하나하나 보면서 연습을 했다. 다음날, 나는 시험 삼아 아빠께 "아빠의 넉넉하게 나온 배가 좋아" 하고 칭찬해 드렸다. 그러자 아빠가 "니가 웬일이냐, 전에는 살 빼라며 -_-" 하셨다. 나는 대꾸할 수 없었다. 단지 칭찬을 많이 해야겠다는 생각만 들었다.

처음엔 어색하게 반말로 시작했던 칭찬이 점점 갈수록 존댓말도 쓰고, 성숙해진다고나 할까, 나중에 가서는 칭찬거리도 거의 없었지만 -_- 3개월 동안 나는 꿋꿋이 칭찬을 해왔다. 그동안 나의 변화에 나는 놀라지 않을 수 없었고, 부모님은 놀라실 뿐만 아니라 기뻐하시기까지 했다. 그렇다. 칭찬은 곧 가정의 화목이었다. 화목하지 않은 건 아니었지만 그래도 사이가 좀 서먹서먹했는데 이젠 편안하단 느낌이 많이 든다. 난 앞으로도 칭찬을 계속할 것이고, 그럼으로써 우리 가족은 더 화목해질 것이다. 나중에 나의 자녀도 이렇게 키울 것이다. 도덕 선생님 감사합니다!

엄마아빠 ^_^* 나 현애야. 이렇게 편지를 쓰려니까 너무 어색한 거 있지. 편지 쓴 기억이 없어서 ^_^;; 항상 너무 죄송했어. 내 잘못이긴 했지만…, 사고도 정말 많이 쳤고…, 안 그래야지 안 그래야지 하면서도 지금 생각하면 정말 왜 그랬는지 모르겠어. 근데 아빠 말대로 한때 추억이었다고 생각할래. 이젠 정말 엄마아빠한테 잘할 거야. 아들 없는 우리 집, 내가 아들 노릇할 거야. 이제 우리 집 힘든 것도 거의 다 지나갔으니까 엄마아빠 지금까지 고생한 거 다 잊을 수 있게 행복하게 해줄 거야^_^*

나는 엄마아빠가 너무 고마워. 내가 미운 짓 많이 하고 그래도 끝까지 나 믿어줬잖아. 아빠도 말은 막하고 표현은 심하게 했지만 나중에는 나랑 사이도 다시 좋아지고, 아빠가 말은 그래도 아빠 제일 많이 닮은 날 가장 좋아하는 거 나 다 알아 ^_^* 그리고 우리 엄마…. 항상 날 믿고, 실망 많이 했어도 내 옆에서 지켜봐준 거 정말 고마웠어. 지금도 나한테 제일 신경 많이 써주고 내 칭찬 많이 해주는 것도 고맙고…, 사랑해 ♥ 엄마아빠, 나 지금보다 더 노력해서 두 분이 나한테 기대하는 것만큼 아니 더 많이 보답할게. 그리고 나 엄마아빠 새벽 늦게 들어오는 거 싫어. 항상 피곤해 보이는 얼굴도 그렇고…, 너무 바빠서 밥도 잘 못 챙겨 먹고. 꼭 술 먹어야지 잠이 오니까 새벽이라도 술 마시고 잠들고. 너무 보기 안 좋았어. 힘든 일 있어도 조금만 신경 써. 엄마아빠 빨리 늙어버리면 안 되잖아. 내가 해줄 게 얼마나 많은데…. 엄마아빠, 건강하게 오래오래 살아야 돼. 내가 이 다음에 커서 돈 많이 벌어서 호강시켜줄게 ^_^*
정말 정말 사랑해요 ♥

둘째 딸 현애 올림 ^_^*

엄마아빠께

엄마아빠 놀라셨죠? 제가 몰래 몰래 그런 칭찬들을 하고 있었다는 걸 아시고서. 처음엔 정말 많이 힘들고 어색했는데 자꾸 하다 보니까 이젠 자연스럽게 칭찬이 나오네요. 엄마아빠께서 어떤 편지를 써주실지 정말 궁금해요.
막 읽고서 감동의 도가니로 빠지는 건 아닐까? 크큭…. 수행평가라는 점도 있었지만 칭찬이라는 거 정말 괜찮은 것 같아요. 왠지 우리 가족이 더 화목해진 것 같고, 겉으로는 별로 티가 안 나지만 예전과는 다르게 말하는 태도가 더 긍정적으로 변한 것 같아요. 벌써 6월도 지나고 7월이네요. 7월 19일에 방학해요 +0+ 방학하고 날 잡아서 가족끼리 영화 보러 가는 건 어때요? 엄마도 보고 싶은 영화 있다고 하시던데…. 가족 나들이 겸 못했던 이야기도 하면서….
아, 그리고 요즘 불경기라 많이 힘드시죠? 알긴 아는데 철없이 자꾸 사달라고만 하고 ㅠ 제가 나중에 크면 10배로 갚아 드릴게요. 엄마! 아까 TV 보면서 어떤 할머니 나왔을 때 엄마가 "나도 늙어서 저러면 어떡하냐" 하고 했잖아요. 그런 걱정

'NEVER' 하지 마세요. 제가 돈 많이 벌어서 호강 시켜드릴 거니깐. 기대하세요. 언제가 될지는 모르겠지만 ^_^….
제가 바라는 건 엄마아빠가 건강하시고 오래오래 우리 가족이 행복한 거예요. 아셨죠? ㅎㅎ 엄마아빠 사랑하고요, 이런 숙제가 가능하게 해주셔서 감사합니다.

할머니께…

할머니, 막상 이렇게 편지를 쓰려니까 할 말도 없고 어떻게 시작해야 할지를 모르겠어요. 평소 글 솜씨가 별로 없어서 말이에요.
항상 할머니가 날 위해 고생하시는 걸 아는데 나는 보답을 못 해 드리는 것 같아서 항상 가슴이 아프고…, 죄송한 마음과 감사한 마음 모두 가지고 있어요.
그런 생각은 드는데 항상 할머니 앞에서 짜증내고, 항상 못된 짓만 하는 것 같아요.
할머니의 마음을 이해하면서도 어리광만 부리고, 소리 지르고…, 뒤에 가서 후회하는 그런 일들이 반복되는 것 같아서 죄송한 마음밖에 없어요.
이제부터라도 마음을 표현하는 수혜가 되도록 노력할게요. 무엇이든 최선을 다하는 사람이 되도록 할머니 앞에서 달라지는 모습을 보여드릴게요. 항상 몸 건강하시구요!! 수혜가 옆에서 지켜드릴게요. 사랑해요.

사랑하는 손녀딸 수혜 올림

아들아

지금 아버지 사무실 책상 위에는 네 엄마 생일 때 찍은 가족사진이 놓여 있단다. 아버지와 어머니가 가운데 그리고 진이가 왼쪽, 선규는 어머니가 있는 오른쪽에 나란히 앉아 있는 사진. 출근하면 가장 먼저 사진과 인사하게 되지. 하루에도 여러 차례 사진 속의 네 시선을 의식한다. 그러면 기분이 좋아진단다.
알고 있니? 아버지가 이 사진을 보며 얼마나 용기를 얻고 있는지.
언제나 조용하고 책을 좋아하는 아들아, 사실 아버지는 너에게 참으로 많은 것을 바라고 있단다.
네가 멋진 남학생이 되는 거야. 너무 멋있어서 여자 친구들 수십 명이 줄줄 따르고 네가 말이라도 붙이면 너무 황홀해 까무러치는 여학생들이 하루에도 십여 명씩 발생하는 그런 멋진 남학생. 공부는 얼마나 잘하는지 국내 수학경시대회에서 일등은 물론 국제 대회에서도 사상 처음 만점을 기록하는 천재. 체육 솜씨 또한 기가 막히지. 선규가 뛰는 축구팀은 무조건 이기고 불량배 스무 명 정도는 간단히 쓰러뜨리는 막강한 파워. 그러면서도 예의 바르고 친구들과도 신의가 두터워 인기가 하늘을 찌르는 그야말로 완벽한 남자.
이런 것들은 어릴 적 아버지의 꿈이었단다. 결국 어느 것 하나 제대로 이룬 것은 없지만…. 이젠 네가 이루어야 한다!
말도 안 된다고 생각하니? 조용한 너의 성품과는 너무 어울리지 않는다고? 천만에, 넌 충분히 가능성이 있단다. 어릴 적 아버지보다 훨씬 탁월한 가능성.
얼마 전 아버지와 함께 군산으로 기차 여행 갔을 때 말이다. 아버지는 그때 선규와 단둘이 있으면서 네게서 매의 눈빛을 보았단다.
안으로 깊숙이 갈무리되어 누구도 함부로 범접할 수 없는 매의 눈빛 말이야. 까마득히 높은 창공에 도도히 떠서 인내와 날카로움으로 먹잇감을 찾아내는 매. 먹이를 발견하는 순간 한 치의 망설임도 없이 내리꽂히는 매. 상대가 도저히 반항할 수 없는 패기로 먹이를 움켜잡는 매. 그리고 하늘을 향해 높이 높이 날아오르는 매. 그건 정말 눈부신 생동이란다.
우리 집 가훈을 알고 있지? “전문가(專門家)가 되자!” 절대로 잊지 말거라.
아들아.
넌 지금 매처럼 높이 떠서 인내와 날카로움으로 끊임없이 아래를 주시하고 있어야 할 시기란다. 언젠가 네가 하고 싶은 일을 발견하면 추호의 망설임도 없이 내리꽂아라. 초조해서도 안 되겠지만 나태해서도 안 된다, 매처럼.
아들아, 네가 무엇을 선택하든지 아버지는 너의 선택을 믿는다. 결코 ‘허접스러운’

선택이 아니라는 걸 말이다. 너와 호쾌하게 씨름을 하고 싶구나.

2003년 7월 4일 사무실에서 아버지가

나의 기쁨, 나의 자랑 혜미에게

어리게만 느껴졌던 혜미가 어느새 훌쩍 자라 엄마아빠를 칭찬해주는 모습을 보니 고맙고 대견스런 마음 비길 데 없단다.

이제 생각하니 몇 년 지나지 않아 곧 어른이 되겠구나. 어린 새가 둥지를 떠나 창공을 나는 어미 새가 되듯 혜미가 어른이 되면 네 포부와 꿈을 마음껏 펼칠 날이 오겠지. 그렇지만 어른이 된다는 것은 네 스스로 홀로 서야 된다는 것을 의미하고 혼자 힘으로 어려움에 맞서며 이겨나가야 함을 뜻하기도 한단다.

혜미야! 너는 지금 청춘이라 부르는 인생의 황금기를 눈앞에 두고 있다. 꿈과 설레임과 아름다움이 혼돈과 함께 피어나는 청춘! 신록의 계절이 네 눈앞에 펼쳐지고 있다. 세상을 향한 너의 꿈과 낭만은 창공의 뭉게구름처럼 피어날 것이고, 너의 정신은 지금까지와는 비교할 수 없을 정도로 갑자기 커져 새로운 탄생을 맞게 될 것이다. 아빠는 네가 이 아름다운 시절을 마음껏 누려보기를 진심으로 바란다.

하지만 네 엄마가 너를 낳을 때 그랬듯이, 모든 탄생에는 적지 않은 고통이 함께 한단다. 엄마가 너를 수태하였을 때 음식을 가려 먹고 나쁜 것은 보지도 듣지도 않았으며 감기에 걸려도 약을 함부로 먹지 않았듯이, 혜미도 너의 정신적 탄생을 위하여 많은 것을 인내하고 절제하여야 한단다. 또한 어머니가 태어날 아기를 위해 좋은 영양분을 충분히 섭취하듯 너도 더 많은 노력으로 너의 정신을 크고 넓게 만들어가야 하겠지. 그리고 대학 입시라는 힘든 관문도 통과해야 하겠지. 아빠는 혜미가 이 같은 힘든 과정을 꿋꿋이 이겨나가리라 믿는다.

사랑하는 나의 딸 혜미야. 너는 언제나 엄마아빠의 기쁨이자 자랑이란다. 지금까지도 그랬듯이 더욱 밝고 바르게 커주기를 바란다.

혜미의 자랑이 되기 위해 오늘도 열심히 살아가는 아빠가

든든한 맏딸 우리 경은에게

경은아, 엄마가 우리 경은이에게 신경도 많이 못 썼는데 이렇게 장하게 커줘서 자랑스럽기만 하구나. 경은아, 요즘 들어 부쩍 힘들어하는 너의 모습에 엄마도 마음이 아프구나. 그리고 이렇게 칭찬일기를 쓴 네 모습이 자랑스러워. 엄마도 우리 가족에게 칭찬을 아끼지 말아야겠다고 생각했어.

우리 경은이가 칭찬을 하고 느낀 점, 반응 그리고 경은이가 한 칭찬을 보니 엄마도 그동안 얼마나 기분이 좋았는지 그때의 기분이 새록새록 기억나는구나.

경은이는 이걸 말하고 싶어서 입이 간질간질했겠지. 그리고 칭찬을 할때 얼마나 부끄러웠을까.

경은아, 앞으로도 그렇게 예쁜 웃음, 그리고 수다스러움, 그런 모습 잊지 않길 바라. 엄마도 우리 경은이를 위해 열심히 일하고, 우리 경은이도 예쁜 여중생 그 모습으로 지금처럼 클릭비, 친구, 공부에 열정을 쏟으면 좋겠구나.

경은이 지금 자고 있는데 예쁜 꿈꾸렴. 이만 줄일게.

경은이를 사랑하는 엄마가

부모님께 칭찬을 하기 전엔 부모님과 난 각자의 일에만 몰두하느라 정신이 없었다. 잘한 일이 있어도 서로 관심을 보이지 않았다. 그런데 칭찬일기를 쓰기 시작한 후에는 조금씩 더 관심을 갖게 되었고, 사소한 것과 조그만 일에도 칭찬을 해주니까 부모님도 같이 말장난도 해주고 항상 웃게 되었다. 부모님이 자주 웃으시니까 가정이 행복해지는 것 같다. 그 전엔 부모님이 말하면 짜증부터 내서 서로가 불쾌했다. 당연히 집은 침울한 분위기였다. 하지만 내가 부모님을 대하는 태도를 바꾸니까 집안 분위기가 달라졌다. 부모님께 칭찬을 하기 위해 말도 조심해서 하고, 기분 좋은 말을 고르기 위해 노력했다. 처음엔 숙제 때문에 하는 거라 말도 잘 안 나오고 쑥스러웠지만, 지금은 서른 번의 칭찬일기를 다 써서 그런지 말할 때 자연스러워졌다. 함께 장난도, 농담도 하고 가족의 사랑을 더욱더 많이 느낄 수 있게 되었다.

- 아빠와 팔씨름을 하고 있었다.
- "역시~ 아직 20대의 몸을 갖고 계시는군요~"
- 앞차기를 '슉' '슉' 하며 몸을 과시하셨다.
- 역시 왕년에 쫌 노신 것 같다.

- 엄마가 미용사라서 머리를 깎아주셨다.
- "엄마~ 머리 작아 보이게 잘라주셔서 고마워요."
- "큰 머리 커버하느라 고생했다."
- 솔직히 내 머리 별로 안 큰데 애들과 엄마가 왜 크다고 하는지 이해가 잘 안 된다.

- 아빠가 춥다고 하시니까(회사 갔다 오셔서) 엄마가 우유를 데워서 아빠에게 드릴 때.
- "엄마~ 사랑이 따뜻해요."
- "참~ 얘두~"
- 부끄러워하셨지만 보기 좋았다.

- 어렸을 적 사진을 보면서
- "엄마, 지금까지 키워주셔서 감사합니다."
- 얼굴을 붉히셨다.
- 엄마의 노력이 없었으면 내가 지금 없었을 것이다. 왠지 눈에 눈물이 고인다.

- 학교 갔다 와서 엄마랑 껴안고 TV 볼 때
- "엄마니까 안아주지. 엄마 아니면 누가 안아줘."
- "그러게 말이다."
- 엄마라는 이름 안에 안겨 있어 더 포근한 것 같다.

- 어느 일요일… 할 일 없이 방에 들어가 놀려는데 안방 침대에 누워 혼자 TV를 보고 계시는 아빠가 눈에 포착!
- 슬그머니 들어가 아빠의 옆에 털썩! "에헤헤~" 뻔뻔스런 웃음…^^
- 피식… 웃음이 새더니 내 손을 꼭 잡아주신다.
- ㅠㅠ 보람이 있다. 아빠한테 참 고맙다.

- 두 분이 오붓하게 TV를 보고 계셨다.
- "두 분이 너무 잘 어울려요."
- 머쓱해 하시더니 좀 떨어져 앉는다.
- 두 분이 좋으시면서 쑥스러워 하시는 거 같다. 다음에도 또 이런 칭찬해야지.

- 아빠가 TV를 보고 계신다.
- "아… 아빠! 아 … 아이스크림 드실래요?" (말이 빗나갔다. 원래 대사 : 아빠의 뒷모습이 참 든든해 보여요)
- "응"
- 칭찬 한 마디 하기가 무지 힘들다….

- XX 학습지가 오는 날이었다. 그런데 하나도 풀지 않았다. 원래는 화내고 혼낼 것을 그냥 다음부턴 잘하라고 하신다.
- "엄마의 이해심 정말 멋있어요."
- "너 얼마 전부터 왜 그러니? 사람이 한 번에 변하면 큰일 나는데."
- 너무 적응을 못하신다. 확 도덕 숙제라고 말해 버릴 수도 없고….

- 오랜만에 일찍 온 아빠가 헬스의 효과라며 근육을 보여줬다 -0-
- "오올~ 살 쫌 빠졌는데 -_-"

- "스타일 나오지!?"
- 우리 아빠 특이한 사람이다 -,,-a

- 엄마와 아빠가 TV를 보시면서 화목하게 얘기를 나누고 계셨다.
- "나도 같이 끼워줘. 엄마아빠만 사이 좋아 -_-!"
- "나가 어서 ㅋㅋ! 둘만의 시간을 만들 거다!"
- 닭살이셨다. 그래도 보기는 정말 좋다.

- 밤 10시 아빠랑 나랑 둘이 라면 먹을 때ㅋㄷ
- "아빠, 아빠가 끓인 라면이 엄마가 끓인 것보다 맛있다^_^"
- "엄마 보기 전에 얼른 먹어?!"라는 말을 -,,- 이런 표정으로 하셨다ㅋㄷ
- 이제 이런 칭찬은 무안하지도 않다. 아빠랑 나 사이가 더욱 가까워지는 것 같다.

- 아빠께서 주무시고 계셨다. 그냥…
- "아빠, 자는 모습이 왕자 같은 걸?"
- '피식' 웃으셨다.
- 나는 놀라서 내 방으로 도망갔다.

- 시험을 앞두고 컴퓨터를 못 하게 하셨다.
- "아버지, 저를 그렇게 관심 있게 봐주셔서 고마워요."
- 당황해 하신다, 평소와는 전혀 다른 내 모습에.
- 부모님께서 당황해 하셔도 속마음은 좋으실 거다.

- 아빠가 웬일인지 통닭을 사들고 오셨다ㅋ
- "토, 토, 토, 통닭!!! 아싸~ㅋ 고마워 아빠. 내 맘도 잘 알아ㅋ"

- “너만 먹으라고 사온 거 아니야. 혼자 다 먹지 마.”
- 내가 돼지인가 -_- 다 먹게ㅋ 통닭 진짜 맛있엉ㅋ

- 아빠가 가족의 눈을 피해 밖으로 몰래 담배 피러 가시는 걸 보고 쫓아나와서…
- “아빠~ 요즘에 담배 안 피우시는 것 같은데… 정말 끊으신 거예요? 우와~ 우리 아빠 대단한 걸!”
- 가슴 주머니에서 꺼내시려던 담배를 다시 집어넣으시면서 “아직은… 이제 곧 끊어야지.”
- 예전에는 아빠께서 담배를 피시든 안 피시든 상관 안 했는데 요즘 들어 아빠의 행동과 표정, 말, 생각에 관심을 갖게 되는 것 같다. 칭찬일기 덕분일까?

- 아빠가 동창회를 가시려고 정장을 입고 계셨다.
- “아빠 너무 터프해 보여요. 거기에 선글라스만 끼면… 캬~”
- “그래?” 선글라스를 준비했다는 듯이 주머니에서 빼내어 “자, 어떠냐?”
- 저렇게만 입고 다니면 누구든지 경호원이라고 착각할 것 같다.

- 밤에 공부하고 있을 때 엄마가 김치빈대떡을 만들어 오셨다.
- “저를 이렇게까지 생각해주시다니, 흑ㅠ(오버)”
- “평균 80 알지?^_^”
- 괜히 칭찬했다.

- 엄마와 대화 중
- “엄마 두꺼운 쌍꺼풀이 너무 부러워요.”
- “넌 엄마를 안 닮아서 아빠처럼 눈이 와이셔츠 단추 구멍 같아. 엄마를 닮았어야지!”

- 아빠 눈이랑 와이셔츠 단추 구멍의 크기를 재봐야겠다.

- 엄마가 옷을 사셨다. 옷을 입고 거울 앞에 서 계셨다.
- "엄마 되게 예뻐 보이세요 〉ㅁ〈 ;;"
- 그냥 계속 웃으셨다. 그러고는 한 5분 동안 거울 앞에 서 계셨다.
- 엄마가 되게 좋아하시는 거 같다. 앞으론 예쁘다는 말 자주해야겠다.

- 아버지가 샤워하고 웃통을 벗고 나올 때
- "오~ 넘치는 야성미~ 우와!"
- "뱃살도 야성미냐? 너는 술 먹지 마라. 술 먹으면 배 나온다."
- 요즘 술을 자제하는 아빠지만 아직 흔적이….

- 아침에 세수한 엄마를 봤을 때
- "이영애 씨, 사인해주세요~"
- "호호~ 이번 용돈은 2만원이다."
- 칭찬이 좋아!

- 아버지께서 어디 가시는지 오랜만에 양복을 입으셨다.
- "아버지! 양복 입으니까 연예인 같아요."
- "양복을 별로 안 입었더니 인물이 상했군."
- 칭찬을 하니까 요즘 아버지가 이상해진 것 같다.

- 엄마가 책을 읽고 계셨다.
- "오~ 웬일?! 한 여름에 고독을 씹는 거야 -,,-?! 오~ 분위기~ㅋㅋ"
- "엄마 별명이 문학소녀였어! 왜 이러셔?!"

• 엄마가 문학소녀였단 말은 믿을 수 없지만…, 오랜만에 엄마의 책 읽는 모습을 보니 좋아보였다.

• 엄마가 방안에 계셨다.
• "엄마가 세상에서 가장 훌륭한 사람이에요."
• "누가 그러니?" 하시더니 나중에 할머니께 가서 자랑하셨다.
• 자랑하시는 모습이 기분 좋았지만 조금 부끄럽기도 했다.

• 머리를 깎으셨다.
• "머리 깎으시니깐 우리 아빠 총각 같으셔~ 오~ 하ㅋ"
• "그~러~니~ ㅎㅎㅎ"
• 오늘은 반응이 너무 좋았다. 계속 웃으셨다. 그래서 넘 좋았다.

• 아빠가 TV 보실 때
• "아빠, 넉넉하게 나온 배가 좋아요."
• "이 배가 모든 만물의 근원이지…"
• 너무 재미있다.

• 아빠와 레슬링 중
• "아빠, 항상 재미있게 놀아주셔서 감사해요."
• "이욥~! 드롭킥!"
• 안면 강타 당했다 -.-

• 아빠가 엄마 다리를 주물러주실 때
• "엄마를 사랑하시는 아빠가 좋아요."

- "니 엄마 사랑할 만하지 않냐? 이 배를 좀 봐라. 풍만하잖아."
- 그 말을 하고 아빠는 엄마한테 몇 대 맞고, 삐친 엄마를 위해 나와 함께 요리를 해서 즐거운 시간이 되었다.

- TV를 보면서 웃고 계실 때
- " 엄마는 웃는 얼굴이 너무 예뻐요."
- 옆에 있던 아빠가 " 이 얼굴이?"
- 아빠 맞았다. 엄마 삐쳤다. 에휴~ 하지만 기분은 좋아 보였다.

- 아빠, 노래방에서 목소리 깔고 트로트 한곡 뽑으신다.
- "아빠~ 그냥 앨범 하나 내시죠~"
- -.-;; 기분이 좋으셨는지… 마이크를 안 놓으신다.
- 아빠가 그렇게 노래를 잘 하시는지 몰랐다. 앞으로 부모님이랑 노래방 자주 가야지.

- 엄마가 여름 샌들을 꺼내서 신어보고 계신다.
- "엄마 발이 원래 이렇게 예뻤나? 내 발보다 훨씬 예쁘잖아."
- "얘, 내 발은 아담하고 깨끗해~! 네 발은 징그럽게 크지~!"
- ㅋ.ㅋ 칭찬을 하면 할수록 왠지 공주병이(?).

- 곧 학원에서 시험을 보는데도 내가 TV를 보고 있자, 엄마가 공부하라고 하셨다.
- " 엄마!! -,,- 엄마가 사탄의 꼬임에서 나를 구해줬어." (장난말로)
- (오버하시면서) "엄마는 하느님이잖니."
- 엄마가 너무 오버하신 것 같다. 하지만 잘 생각해보면… 부모님의 마음은 하느님과 같지 않을까?

- 엄마가 샌드위치를 해주심.
- "나 이거 먹고 죽어도 여한이 없어."
- "죽긴 왜 죽어, 이년이."
- 정말 우리 엄마는 요리를 잘하는 것 같다.

- 아빠가 나한테 화를 내셨다.
- "아빠, 화내세요. 제가 잘못한 거 알아요."
- "뭘 잘못했는데? 네가 잘못한 거 알았으면 됐어."
- 엄마 아빠를 칭찬해 드리면서 내 잘못도 알 수 있었다.

- 엄마가 외출할 때
- "누나!"
- "ㅋㅋ 용돈 떨어졌냐?"
- 항상 집에서 수수한 모습만 보다가 화장하시니 아름다웠다.

- 고스톱을 하는 아빠 배를 봤는데 정말 올챙이배 같았다.
- "아빠 배가 정말 귀엽다!"
- "(뻴쭘한 표정을 지으며) 너도."
- 나는 정말 귀여워서 한 말이었는데 아빠는 심각하게 받아들이셨다. 그날 저녁에 밥을 조금 잡수셨는데 너무 웃겼다.

- 아빠가 회사 일로 바쁘셔서 집에 자주 못 들어오신다. 아빠가 집에 들어오신 날
- "아빠 정말 힘드시죠? 저희 가족을 위해 고생하셔서 감사해요."
- 막 나를 안쓰럽고 대견한 눈빛으로 쳐다보시더니 머리를 쓰다듬어 주셨다.
- 아빠의 눈에 눈물이 맺혀 있었는데 그 충혈된 눈 속의 눈물을 보고 나도 울 뻔했다.

괜히 집 분위기가 어색해질 것 같아서 울음을 꾹 참고 내 방으로 들어왔다. 칭찬을 했는데 슬퍼서 마음이 아팠다.

- 아빠랑 길을 걷다가 아빠 손을 꼭 쥐고서
- "아빠 손은 참 따뜻해요."
- 아빠가 내 손을 꽉 쥐어서 주머니에 같이 손을 넣었다.
- 옛날에는 아빠 손이 참 크게 느껴졌는데 내가 부쩍 커버린 것 같아 슬프다. 아빠 손 잡고 산책도 자주 다녀야겠다.

- 내 방이 더러웠는데 엄마가 대신 청소를 해주셨다.
- "엄마 고마워요 내가 청소한 것보다 더 깨끗해요. 능력자!"
- "니가 치워 이것아, 아오 더러워. 개판 오분전이다."
- 엄마는 칭찬을 비꼬는 것으로 느끼신 것 같다. 칭찬도 상황을 봐가면서 해야겠다. 엄마 미안, 깔끔한 여자 될게요.

- 엄마가 한라봉을 능숙한 방법으로 잘 깐다.
- "엄마 잘 깐다. 무슨 방법 있어? 쑥쑥 벗겨지네?"
- "꼭 다리를 떼고 벌어지는 모양으로 칼집내서 까면 돼. 나중에 이런 거 니가 까지 말고 남자 잘 만나서 남편한테 까달라고 해."
- 엄마한테 왠지 제대로 된 칭찬을 해 드린 거 같아 기분이 좋다.

- 엄마가 럭셔리한 저녁을 준비한 상황
- "오~ 한우!"
- "너 빨리 먹으면 안 된다!"
- 엄마의 반응에서 한우는 비싸고 귀한 존재라는 걸 다시 한 번 느꼈다.

- 아빠가 청소하실 때
- "역시 아빠가 청소하시니 우리 집이 깨끗해요."
- "아빠가 과거에 청소는 최고로 잘했어."
- 아빠의 자랑이 또 시작됐다. 엄청 웃겼다. ㅋㅋ 한 번 시작하시니 시간을 엄청 잡아먹는다. 듣는 동안 졸려서 힘들었다.

- 아빠가 일을 하다 엄마에게 화를 내셨다.
- "엄마의 인내심은 정말 대단해요."
- "나도 그렇게 생각해."
- 아빠는 완벽한 것을 좋아해서 일할 때 자주 화를 내시지만 그걸 다 받아내는 엄마가 존경스럽다.

- 그냥 TV 같이 보다가
- "정말 아빠는 냉정하고 무뚝뚝한 게 매력인 거 같아요."
- 한 번 나를 위 아래로 훑어보시다가 째려보셨다.
- 여전히 냉정하셨다.

- 자꾸 심부름 시키는 아빠.
- 귀찮지만 그래도 아빠가 심부름 시키는 그 자체가 좋다.
- "웬일로 화를 안 내나?"
- 화를 참아가며 칭찬한 내가 너무 자랑스럽다.

- 아빠가 설거지를 하셨다.
- "아빠가 설거지를 하니까 좋아요."
- "설거지라도 해야지."

• 왠지 슬프다.

• 학원에서 늦게 와서 배가 고팠는데, 가족이 모두 날 기다리고 있었다.
• "아빠! 저 오면 드시려고 안 드신 거예요?
• "갑자기 왜 이래? 얘가 미쳤나?" 라면서 밥을 드셨다.
• 정말 기분이 좋고 밥도 꿀맛이었다. 칭찬활동이 점점 재미있고 보람도 느껴진다.

• 아침에 늦게 일어나 엄마가 밥 먹여줄 때
• "엄마, 고마워."
• "얼른 씹어 먹어."
• 내 나이에 밥 받아먹는 내 자신이 창피하다. 또 이 빚을 어떻게 갚아야 할지도 걱정이다. 앞으로는 일찍 일어나야겠다.

• 아빠가 일을 끝내고 새벽에 돌아오셨을 때
• "아빠 힘드시죠? 난 아빠 없인 못살아요."
• 말없이 그냥 나를 꼭 안아주셨다.
• 칭찬을 하면 할수록 무관심이 감동으로 바뀐다. 아빠가 안아줬을 때 울 뻔했다.

부 록 1

김상복의 칭찬 특강

*본 내용은 저자가 학교, 공공기관 및 여러 단체에서 실시한 '칭찬특강' 강의 내용을 정리한 것입니다.

칭찬의 위력

인천 하정초등학교에서 있었던 일이다.

착하고 성실하지만 말수가 적고 내성적인 여학생에게 수업 중 지나가는 말로 "우리 ○○이는 어쩜 그렇게 예의바르고 인사를 잘하니?"라고 한마디 했다. 그날 이후 매일 점심시간마다 "선생님 식사 맛있게 하세요. 선생님 맛있게 잘 먹었습니다"라는 따스한 말을 듣게 되었다. 테이블 저쪽 끝에 앉아 있어도 일부러 나를 찾아와 인사했다. 더 놀라운 것은 그다음이었다. 우리 반 몇몇 학생들이 앞다투어 "맛있게 식사하세요"라는 말을 하기 시작했고, 며칠이 지나자 식당이 떠나갈 정도로 "선생님 맛있게 드세요. 감사히 잘 먹겠습니다"라고 학생 모두가 입을 모아 인사하는 것이었다. 그 순간만큼은 임금님 밥상 부럽지 않은 세상에서 제일 근사한 점심식사였다.

의도하지 않았던 작은 칭찬 한마디가 한 학생을 변화시켰고 그것은 마치 바이러스처럼 학급 전체를 변화시켰다. 사람을 움직이는 가장 큰 동력은 칭찬이다. 말 한마디에 사람을 울고 웃게 만들 수 있는 것이 바로 칭찬의 효과다. 칭찬은 스스로 일어날 수 없을 때 우리를 부축해주는 친절한 도우미이다.

칭찬할 상황이 아니더라도, 칭찬할 마음이 안 생기더라도, 눈 씻고 봐도 칭찬거리가 없더라도, 아무리 사소하고 작은 일이라도 아끼지 말고 칭찬해주며 살아야 한다. 칭찬의 대상과 상황을 잘 분별하여 건네는 칭찬 한마디는 그 어려운 상황을 뒤집고도 남을 만한 위력이 있기 때문이다. 칭찬만 잘해도 평소에 일어나는 수많은 갈등과 고통을 극복할 수 있고 원만한 가정생활과 사회생활을 꾸려 나갈 수 있다.

나를 칭찬하자

하지만 칭찬 특강을 하면서 막상 자신의 주변을 칭찬해보라고 권하면 모두들 당황해하며 칭찬을 어려워한다. 칭찬이 좋다는 것을 알면서도 실천이 쉽지 않은 것은 무슨 이유일까?

평소에 달리기를 잘하는 한 여학생이 있었다. 학원에서 공부를 마치고 집으로 돌아가는 중이었다. 학원과 집을 오가는 길은 사람들의 왕래가 많지 않았다. 어느 날 누군가 자신의 뒤를 따라오고 있다는 것을 느꼈다. 처음에는 같은 방향이겠거니 하면서 대수롭지 않게 생각했는데 일정한 간격을 두고 계속 따라오자 이 여학생은 자신의 집으로 달리기 시작했다. 그러자 뒤에 있던 남자도 뒤쫓아 오는 것이었다. 아파트단지로 따라 들어왔고 경비실을 지나 엘리베이터 안까지 같이 들어섰다. 일부러 엘리베이터를 다른 층에서 내리자 그 남자도 따라 내렸다. 너무 무서워서 계단으로 뛰어 올라가 간신히 집 안으로 들어서 문을 잠그자 문 앞에까지 따라온 남자는 "다 잡았는데 놓쳤다"라고 욕하며 돌아갔다.

이 여학생은 도망가면서 지나가는 어른이나 길가의 가게, 아파트 경비실 등 주변 사람들에게 얼마든지 도움을 요청할 수 있었다. 하지만 자신을 둘러싸고 있는 두려움이 다른 생각을 못 하게 하고 다른 사람을 쳐다보지 못하도록 만든 것이다.

많은 사람들이 자신의 약점에 눈이 가려 자신의 장점과 타인의 칭찬거리를 바라보지 못하고 있다. 스펜서 존슨은 ≪멘토≫라는 책에서 "자기 스스로 칭찬을 하게 되면 자신의 좋은 점을 발견해 기분이 좋아지는 것은 물론, 다른 사람의 장점도 발견하게 되어 다른 사람에게 칭찬을 해주게 되니 다함께 발전할 수 있는 좋은 계기가 될 것이다"라고 말한 바 있다. 칭찬을 잘하고 싶으면 먼저 자신을 칭찬하라는 것이다. 자신을 칭찬하는 쑥스러움을 넘어설 수 있으면 다른 사람을 칭찬하기가 쉬워진다. 자기 자신을 칭찬하면 자신의 행동에 대해 자긍심 즉 '자신에 대한 평가가 긍정적이라는 자기 지각'을 갖게 된다.

나를 칭찬하게 되면 자기 자신에 대해 긍정적인 이미지를 갖게 된다. "나는 내 자신에 대해서 만족한다"라는 외침을 통해 실패자라는 부정적인 생각을 극복하고 자신의 가치와 능력을 긍정적으로 평가할 수 있다. 내게 있는 아주 작은 것이라도 자랑스러워하며 나 자신을 칭찬해보자.

자기 칭찬을 통해 나에 대한 자긍심이 세워졌다면 자만에 빠지기 전에 칭찬의 눈을 다른 사람들에게로 돌려야 한다. 상대방을 칭찬할 때는 어떻게 해야 할까?

1. 상대방이 노력하는 과정에 초점을 맞추어 구체적으로 칭찬하자.

얼마 전 EBS에서 '칭찬의 역효과'라는 프로그램을 방영한 적이 있다. 칭찬 실험을 통해 결과를 칭찬하는 실험과 과정을 칭찬하는 실험을 했다. "잘하네, 대단하다, 천재네" 등의 '결과 칭찬'을 들은 피실험자들은 행동에 있어서 부정적인 결과(부정행위, 높은 수준의 실험 포기, 실험에 형식적인 참여 등)를 가져왔다. 과분한 칭찬에 걸맞게 자신을 위장하기 위해 칭찬 실험에 참가한 아이들은 자신을 속일 수밖에 없었다. '자신의 능력 이상을 표현한 과분한 칭찬'은 자신감을 주는 것이 아니라, 부담감을 주어 오히려 자신을 잃어버리게 만들었다. 자신의 능력을 넘어선 과도하고 부담스러운 칭찬은 자기를 평가하고 있다는 생각이 들게 한다.

한편 '과정 칭찬'을 들은 피실험자들은 높은 도전정신으로 실험에 임하는 결과를 보여주었다. 비록 결과는 나쁘더라도 최선을 다하고 있는 과정을 칭찬받았을 때 자신감을 가지고 주어진 일을 적극적으로 하는 모습을 보여주었다.

100점을 맞은 아이에게 "100점 받았네. 대단하다"(결과 중심)보다는 "열심히 시험 공부하더니 좋은 결과가 나왔네. 대단하다"(과정 중심)로 칭찬하라. 아이가 책을 소리 내며 읽을 때 단순히 "잘 읽네!"(결과 중심)라고 칭찬하기보다는 "큰 소리로 책을 잘 읽네!"(과정 중심)로 칭찬하라.

2. 상대방에 대해 기대치를 갖거나 어떠한 목적 달성을 위해 칭찬해서는 안 된다.

칭찬한다는 것이 말처럼 그리 쉽지만은 않다. 사실 어느 부모가 자기 자식을 칭찬하고 싶지 않겠는가? 문제는 칭찬하고 싶어도 그럴 만한 상황이 아니라는 데 있다. 뭔가 칭찬할 만한 구석이 있어야 칭찬할 것 아니냐고 반문하겠지만, 자식에 대한 기대치만 내려놓으면 칭찬할 구석은 보이기 마련이다.

부모의 기대에 못 미치는 아이의 부족함(꼭 고쳐야 할 잘못을 말하는 것이 아니다)을 있는 그대로 지적하고 꾸중한다고 해서 아이의 성장과 발전을 이끌어낼 수 있는 것은 아니다. 부모가 아이에게 나무라는 이유는 아이가 자신의 부족함에 대해 철저히 반성하고 보다 더 잘할 수 있게 도우려는 마음일 것이다. 그런데 그러한 꾸중이 아이로 하여금 더 잘해야겠다는 의욕과 태도의 변화를 가져오기는 쉽지 않다. 대개 처음에는 부모의 꾸중을 들으며 깊이 반성하고 다음번엔 잘하겠다는 각오를 다지지만, 그게 본인의 결심처럼 잘 되어가는 경우는 아주 드물다. 그런 일이 반복되다 보면 아이는 으레 부모 앞에서 잘하겠다고 말만 할 뿐 개선의 기미가 보이지 않게 되고, 부모는 부모대로 그런 아이의 말을 신뢰할 수 없게 된다. 반복된 꾸중은 자신이 인정받지 못하고 있다는 절망감을 심어주고 더 나아가 아이에게서 성장하고자 하는 의지를 빼앗는다.

칭찬을 가로막는 장애물은 아이의 행동에 대한 부모의 지나친 기대치에 있다. 아이를 칭찬할 때 칭찬에 대한 상대방의 반응을 자기 나름대로 정해놓고 그 결과를 기다려서는 안 된다. 칭찬에 대한 결과를 미리 기대하지 말고 무작정 칭찬을 해보자. 그렇게 기대 없이 칭찬했을 때 예상치 못했던 다른 보상이 주어진다면 기쁨은 두 배로 다가올 것이다. 칭찬은 자신의 목적 달성을 위한 수단이 되어서는 안 된다. 목적 달성을 위한 칭찬은 기대를 가지고 하는 칭찬보다 더욱 나쁜 결과를 초래한다. 상대방은 이미 그 칭찬에 담긴 목적을 간파하고 있기 때문이다.

3. 억지로라도 상대방의 칭찬거리를 찾아내어 긍정적으로 표현하자.

상대방에게 99개의 약점이 있어도 가지고 있는 1개의 장점을 찾아 칭찬한다. 그 1개의 장점이 자라나 장점을 많이 가진 사람으로 변하게 된다. 적절한 시기의 제대로 된 칭찬 한마디는 상대방에게 성취감을 주고 다른 힘든 일에도 도전할 수 있는 용기를 준다.

칭찬은 상대방의 행동에 대한 충분한 이해에서 비롯된다. 상대방의 행동을 깊이 관찰하면서 구체적으로 표현하자. 그렇다고 상대방의 행동에 대한 평가가 되어서는 안 된다. 행여 상대방이 실수하더라도 관심을 다른 방향으로 유도하여 분위기를 바꿔가며 칭찬하자. 칭찬은 있는 그대로 상대방의 행동을 인정하고 입장을 공감하는 표현이다.

또한 칭찬할 때는 긍정적인 관점과 표현에 대한 훈련도 필요하다. 긍정적인 관점이란 "문제를 과제로, 난관을 도전으로, 실수를 배움의 기회로, 실패를 성공을 위한 단계로" 보는 것이다. 긍정적인 관점을 가지고 있으면 긍정적인 표현이 훨씬 쉬워진다. 단점은 칭찬 대상이 아니지만, 장점으로의 인식 전환은 필요하다. 칭찬은 아부와는 다르다. 생활 전반에 관심을 가지고 고르게 칭찬해야 한다. 부정적 표현을 긍정적 표현으로 다음과 같이 바꾸어보자.

하지 마라 → 해라

나는 너의 불행을 원하지 않아 → 나는 너의 행복을 원해

말이 많다, 수다스럽다 → 표현을 잘한다, 사교성이 있다

고집이 세다, 독불장군, 자기중심적이다 → 주관, 소신이 뚜렷하다

독선적인, 독재적인, 지배적인 → 리더십이 좋은

나서서 설치는 사람 → 활동적, 적극적, 도전적, 열정적인 사람

비현실적인, 추상적인, 공상적인 → 독창성이 뛰어난

일밖에 모르는, 과욕적인 → 일을 잘하는, 진취적인

약삭빠른, 변덕이 심한 → 유연한, 적응력이 좋은

느린 사람 → 여유 있는 사람

꾸미지 말고 → 있는 그대로

초조해하지 말고→차분하게

겁먹지 말고, 기죽지 말고→당당하게, 자신감 있게, 적극적으로

건방진→위풍당당한

자아도취→자신감, 자부심

4. 적절한 스킨십과 함께 칭찬의 말을 건네자.

칭찬은 쉬운 일이 아니다. 어른들에게도 스킨십은 중요한 칭찬 수단이다. 동성과의 스킨십(악수, 하이파이브, 가벼운 포옹 등)은 어렵지 않으나, 이성끼리 이루어지는 스킨십은 오해의 여지가 많기 때문에 조심해야 한다.

그러나 부모와 자식 사이에서의 스킨십은 매우 중요하다. 스킨십을 통한 칭찬은 자신이 사랑받고 있음을 아이 스스로 느끼게 하기 때문이다. 말로만 하는 칭찬도 큰 힘이 되지만 "수고했다"는 격려의 말과 함께 아이에게 악수나 포옹, 등 두드려주기와 같은 부드러운 스킨십을 하면 부모의 따뜻한 마음과 진심이 잘 전해질 수 있다. 아이에게 필요한 것은 부모의 '평가'가 아니라 '관심'이다. 부모의 스킨십은 자녀에게 "나는 네 말을 듣고 있다. 나는 너를 이해하고 있다. 나는 너를 지켜보고 있다. 너와 함께 있다. 너를 위해 기도하고 있다. 너를 용서한다"는 말과 같은 것이다.

이밖에도 칭찬할 때 극단적 용어로 표현하지 않기, 칭찬 후에 바로 단점을 지적하지 않기(칭찬 후에 바로 단점을 지적하는 것이 반복되다 보면 자신을 꾸중하기 위해 미리 칭찬해주는 것이라고 아이가 느끼게 된다), 특정한 사람이나 사건을 비교하면서 칭찬하지 않기, 당사자가 없을 때 다른 사람을 칭찬하기, 칭찬과 꾸중의 비율은 9:1 혹

은 7:1로 하기 등의 칭찬 원칙들이 있다.

성경에 따르면 천국은 침노하는 자의 것이라 했고, 두드리는 자에게 문이 열릴 것이라고 했다. 실천이 없으면 열매도 없다. 시작이 절반이라는 말이 있듯이 어색한 칭찬이지만 일단 시도하는 것이 중요하다.

자, 이제 세상을 칭찬하러 밖으로 나가자. 세상 사람들의 소리를 먼저 들어보자. 그들의 기분을 살펴보자. 그들의 눈으로 그들의 세상을 바라보자. 그리고 그들을 향하여 과감하게 칭찬을 던져보자. 칭찬을 통해 또 다른 사람을 만나게 될 것이고 또 다른 세상을 경험하게 될 것이다.

부 록 2

가족 사랑을 키우는 칭찬일기

*본 내용은 일선 학교나 가정에서 '칭찬일기' 를 교육 자료로 활용할 때 도움이 되고자 만든 것입니다.

현실에 맞는 효 교육이 절실한 때

자녀는 부모의 행동을 보면서 성장하기 때문에 부모는 자녀에게 선생이요 지도자이다. 그렇기 때문에 부모가 서로 사랑하는 모습을 보여주는 것이 자녀에게 가장 훌륭한 가정교육이라고들 한다. 그런데 이혼증가율 세계 1위, 세 가정 중 한 가정이 이혼하는 이혼율 세계 2위라는 통계는 우리나라의 가정이 무너져가고 있음을 보여준다.

많은 부모들이 자녀가 원하는 것을 다 사주고 먹여주고 허락해줘서 기죽지 않게 하는 것이야말로 부모의 자녀 사랑이자, 부모의 기쁨이자, 의무의 완수라고 생각한다. 하지만 자녀들은 오히려 부모와의 대화를 원하고 부모로부터의 인격적인 인정을 원하며, 또한 부모의 바른 삶의 모습을 원하고 있다.

제7차 교육과정에서도 가정의 중요성을 감안하여 도덕교과 1, 3학년 후반부에서 가정에서의 예절과 도덕 문제를 가르치도록 하고 있다. 특히 모든 생활예절과 삶의 도덕 문제의 시작으로서 '건강한 가정과 가정생활에서의 바람직한 가치'를 강조하고 있다.

이렇게 건강한 가정을 이루기 위해서 학생들에게 효(孝)를 강조하고 요구하고 있으나, 효 교육의 대부분은 오래된 윤리의식이나 진부한 도덕규범을 가르치는 것일 뿐, 현대에 맞는 실제적이고 생동감 있는 효 교육은 사실상 제대로 이뤄지지 못하고 있다. 지금까지는 효의 의미를 어릴 때에는 웃어른에게 예의바르게 대하고 성장해서는 부모님을 편안히 모시는 것으로 가르쳐 왔기에 학생들 입장에서 보면 강압적이고 수동적인 효 교육이다. 그러나 이제는 자녀의 입장에서 부모님을 사실대로 바라보고, 부모님을 인정하고, 부모님을 칭찬하며, 부모님을 이해하는 적극적이고 능동적인, 그리고 실천적인 효 교육이 필요하다고 생각한다.

아름다운 부모님이 되시기를 바라는 마음으로, 고생하시고 희생하시는 부모님을 높여드리는 마음으로, 또한 자녀가 감사하는 마음으로 부모님을 인정해 드리는 것처럼 자녀의 인격도 인정해주시기를 바라는 마음으로 부모님을 칭찬하는 것이 오히려 오늘날 요구되는 효 교육이 아닌가 한다. 그리고 이러한 효가 신바람 나고 건강한 가정을 만들어가는 데 기폭제가 될 것이라고 생각한다.

'칭찬일기' 수행평가를 진행하기 전에 실시한 가정실태 결과를 보면, 한 학급(총인원 40명 기준) 중에서 부모님의 이혼이나 별거로 온 가족이 함께 살지 못하는 학생이 총 6명(16.2%), 부모님에게 크게 만족하지 못하는 학생이 22명(59.4%), 가정의 분위기가 화목하다고 느끼지 못하는 학생은 29명(78.4%), 앞으로도 우리 가정에서는 화목한 분위기를 만들 수 없을 거라고 생각하는 학생이 24명(64.9%)이나 되었다. 또 가정이 더 화목해지려면 가족 모두(43.2%), 아빠(29.7%), 나(16.2)의 순서로 가정에 잘해야 한다고 생각하였고, 가정의 행복을 방해하는 요소로는 성격, 돈, 차별 등이 가장 큰 방해 요소로 나왔으며, 자신의 학교 성적과 아빠의 술·담배가 그 다음으로 큰 방해 요소라고 응답했다.

몇몇 부모와 학생들은 가끔씩 서로에게 칭찬을 하지만 대부분의 부모와 학생들은 거의 칭찬을 모른 채 살아오고 있었다.

그래서 자라나는 청소년들에게 부모님을 칭찬하는 것이 자기 자신과 가정을 건강하게 만드는 데 어떤 영향을 미치는지를 알게 하고, 건강한 가정을 만드는 데 적극

참여해서 가족 공동의 문제를 함께 해결해 나가도록 하기 위해 '칭찬일기'를 시작되었다.

칭찬에 관한 짧은 생각

칭찬이란 사전적 의미로 잘한다고 추어주거나 좋은 점을 들어 기린다는 뜻이다.

찾아내려만 하면 사람에게는 반드시, 그것이 아무리 사소한 것일지라도, 마음속으로부터 칭찬해줄 만한 장점이 있게 마련이다.

사람은 그 존재 자체가 칭찬의 대상이다.

속이 훤히 들여다보이는 칭찬일지라도 듣는 사람은 즐겁다.

칭찬은 의외의 상황에서, 그것도 예상치 못했던 사람에게서 들었을 때, 그 효과가 크다.

질책을 하는 상황에서도 칭찬으로 그 끝을 맺게 되면 긴장감과 불쾌감이 없애진다.

칭찬일기를 시작하면서

2002년 9월 1일부터 2002년 10월 31일까지 2개월간 서른 번 부모님을 칭찬하고 그 내용을 일기로 작성하는 방법으로 인천광역시 구월 여자중학교에서 1학년 9개 학급을 대상으로 칭찬활동을 처음 실시하였다.

칭찬활동을 시작하기 전에 먼저 가정실태를 분석한 내용을 학생들에게 제공하고 가정의 화목한 분위기를 위한 칭찬의 필요성을 설명하였다.

이후 ①다른 사람에게서 칭찬 받았을 때의 기분과 내가 다른 사람을 칭찬했을 때의 상황과 결과에 대해 각자의 경험담을 발표시켰다. ②실제로 부모님을 칭찬해본 후에 반응이 어땠고, 어려움은 어떤 게 있었는지를 다음 시간에 발표하도록 하였다. ③칭찬 후의 학생들의 반응은 다음과 같이 긍정적인 반응과 부정적인 반응이 있었다. 부정적인 반응에는 "처음 하는 일이라 당황스럽다", "부모님의 반응이 두렵다", "가족이 잘 모이지 못해 칭찬할 시간이 없다", "부담감이 많이 든다" 등이 있었고, 긍정적인 반응에는 "칭찬의 내용으로 가족 간에 말문이 트이게 되었다", "친구의 칭찬 상황과 칭찬 내용을 들으면서 용기가 생겼다", "우리 집도 칭찬이 필요함을 느끼게 되었다", "부모님에게 먼저 잘해야겠다는 생각이 들었다", "칭찬을 통해 우리 가정이 더 화목해지면 좋겠다는 소망이 생겼다" 등이 있었다.

④그래서 앞으로 칭찬활동을 할 때 가정의 화목한 분위기를 위해서는 먼저 학생 자신이 주체가 되어야 한다, 기대한 만큼의 반응이나 결과가 없더라도 최선을 다하여 가족을 보살피고 있는 부모님의 마음을 헤아려야 한다, 부모님도 칭찬을 못 받고 자랐기 때문에 자녀에게 칭찬을 잘해주지 못함을 이해해야 한다, 부모님을 내가 먼저 칭찬함으로써 부모님께 기쁨을 드리는 것이 가정을 화목하게 하는 데 굉장히 중요하다, 마지막으로 부모님을 칭찬하기 위해서는 무엇보다도 용기가 필요하다는 점들을 강조하였다.

칭찬일기 7대 원칙과 칭찬일기장 샘플

칭찬일기를 쓰면서 꼭 지켜야 할 사항은 다음과 같다.

1. 비밀 : 칭찬일기는 비밀 일기처럼 부모님 모르게 적는다.

2. 무대가 : 부모님께 칭찬의 대가를 요구하지 않는다.

3. 세심한 관찰 : 부모님의 행동, 말, 표정, 존재 자체, 가치관 등 부모님과 관련된 사소한 내용이라도 자세히 관찰하여 칭찬한다.

4 표현법 향상 : 칭찬 표현이 너무 반복되지 않도록 스스로 노력하여 칭찬 표현 기술을 높인다.

5. 용기 : 칭찬 표현이 힘든 가정일수록 칭찬이 더욱 필요한 가정이므로 더욱 용기를 가지고 끝까지 칭찬한다.

6. 배우는 자세 : 칭찬을 잘하는 친구의 사례를 잘 듣고 적극적으로 배우려고 노력한다.

7. 자연스러움 : 노골적이고 형식적인 칭찬은 가능한 지양하고, 마음을 자연스럽게 표현하도록 한다.

〈칭찬일기장 샘플〉

날짜	월 일 요일 (번째)	학년 반 번 이름 : 000
칭찬의 상황은?		
칭찬한 말은?		
부모님의 반응은?		
오늘 칭찬활동에 대한 나의 생각은?		

칭찬 표현 예시 30선

1. 열심히 일하시는 아빠가 자랑스러워요.

2. 엄마는 웃는 얼굴이 너무 예뻐요.

3. 역시 옷 입는 감각이 있으세요.

4. 화를 안 내셔서 너무 좋아요.

5. 걸어가시는 아빠의 뒷모습이 든든해요.

6. 저는 우리 엄마아빠가 최고예요.

7. 엄마아빠가 같이 걸어가시는 모습이 참 보기 좋아요.

8. 재미있는 비디오를 같이 볼 수 있어서 참 좋습니다.

9. 제가 바른 길로 가도록 이끌어주신 아버지께 감사해요.

10. 때로는 저와 장난치며 웃고 즐기는 아버지가 사랑스러워요.

11. 아침에 일어나 운동하러 가시는 모습이 보기 좋아요.

12. 집에 계실 때 담배를 안 피우시는 아버지가 사랑스러워요.

13. 엄마와 다정스런 모습을 보이시는 아버지가 사랑스럽습니다.

14. 힘들어도 내색하지 않으시고 즐거운 분위기를 만들기 위해 노력하시는 아버지가 좋아요.

15. 학교와 학원을 보내주시는 부모님이 사랑스럽습니다.

16. 제가 하는 일을 믿어주시는 부모님이 사랑스럽습니다.

17. 넉넉하게 나온 배가 좋습니다.

18. 용돈을 주시는 부모님이 사랑스럽습니다.

19. 제 미래에 대해 함께 고민하며 도움을 주시는 아버지가 사랑스럽습니다.

20. 야구 경기를 보면서 함께 열광하는 아버지가 사랑스럽습니다.

21. 술을 적게 마시는 아버지가 사랑스럽습니다.

22. 기분파이신 아버지가 사랑스럽습니다.

23. 할머니, 할아버지께 효도하는 부모님의 모습이 사랑스럽습니다.

24. 운전을 하실 때 법을 잘 지키는 아버지가 사랑스럽습니다.

25. 부모님이 계시는 그 자체가 사랑스럽습니다.

26. 칭찬을 많이 해주셔서 좋습니다.

27. 서로 안마해주시는 부모님의 모습이 참 보기 좋습니다.

28. 남의 일도 자기 일처럼 생각하시는 부모님이 좋습니다.

29. 비 오는 날이면 항상 우산을 가지고 와주셔서 감사해요.

30. 지각하지 않도록 아침마다 5분 간격으로 깨워주셔서 좋습니다.

칭찬일기 후속 활동

1. '부모님 칭찬' 을 가지고 5행시를 지어보자.
2. 칭찬일기를 쓰면서 우리는 여러 가지 보상을 받았다. 눈에 보이는 것과 보이지 않는 것으로 나누어 내가 받은 보상(예를 들면 외식, 옷, 핸드폰, 용돈 인상, 대화, 웃음, 자신감, 행복 등)을 찾아보고 구체적으로 적어보자.
3. 작성한 칭찬일기를 부모님께 보여드리고 '자녀에게 쓰는 부모님의 편지' 를 받아오자.
4. 칭찬해 드리기 전의 부모님 태도와 후의 부모님 태도가 다르다면, 어떤 면에서 달라졌는지를 비교해보자.
5. 자기 자신은 부모님과 가족에 대한 마음이 달라졌는가? 그렇다면 어떻게 달라졌는지 적어보자.

6. 가장 기억에 남는 감동적인 경험에는 어떤 게 있었나? 적어보자.

7. 칭찬활동에 대한 소감문을 적어보자.

8. 마지막으로 '칭찬일기 활동 결과 발표 수업' 에 부모님을 초대했다. 이와 관련해서는 부모님께 가정통신문을 보내 '칭찬일기 활동 결과 발표 수업' 에 부모님들이 오셔서 자녀의 수업도 참관하시고 쓰신 편지도 직접 읽어 주십사 하고 부탁드렸다.

'부모님 칭찬' 으로 지은 5행시

부 • 부모님의 은혜를 잊지 않겠습니다.

모 • 모든 일을 하면서 부모님 사랑을 잊지 않겠습니다.

님(임) • 님을 통해 은혜와 사랑을 배웠습니다.

칭 • 칭찬을 통해 부모님을 존경하게 되었습니다.

찬 • 찬란한 그 이름 부 · 모 · 님

부 • 부모님 부모님,

모 • 모르고 계셨지요?

님(임) • 이렇게 소미가 부모님을

칭 • 칭찬해 드리고 싶고 사랑한다는 것을요.

찬 • 찬바람이 불고 태풍이 몰아쳐 모든 것을 부순다 해도 제가 부모님을 사랑하는 맘은 부술 수 없을 거예요.

학생들이 했던 칭찬의 말 10선

1. 제가 힘들 때 말없이 손잡아주시는 엄마가 좋아요.

2. 엄마 웃는 모습이 정말 예뻐요. 이제부터 자주 웃으세요.

3. 엄마가 화장을 하니까 하늘에서 내려온 천사 같아요.

4. 엄마, 생일 축하드려요. 엄마가 있어서 참 좋아요. 감사해요.

5. 음식 냄새에서부터 벌써 엄마의 정성이 느껴져요.

6. 내 맘을 어떻게 알았어요? 엄마는 족집게야.

7. 엄마가 안아주시니까 너무 포근해요.

8. 저와 친구처럼 이야기하시는 엄마가 좋아요.

9. 엄마가 만든 음식은 너무 맛있어요.

10. 엄마, 힘들 땐 울어도 괜찮아요. 엄마는 지금 충분히 우리를 위해 노력하고 계세요.

아이들이 이렇게 바뀌었다

1. 부모님의 단점보다 장점을 많이 찾게 되었다.

2. 가족 모두가 다 나를 위하는 것 같다.

3. 가족이라는 울타리에서 벗어나고 싶었는데, 이제 가족이 얼마나 중요한지 알게 되었다.

4. 부모님의 습관과 버릇을 알게 되어 기쁘다.

5. 부모님을 진심으로 대하게 되었다.

6. 부모님의 잔소리가 사랑의 메시지로 들린다.

7. 부모님께 짜증내고 말대꾸하던 것이 없어졌다.

가족들은 이렇게 바뀌었다

1. 부모님이 유머 실력을 자주 발휘하신다.
2. 가족 간에 애정이 생기고 가까워졌다.
3. 서로에게 관심을 가지고 배려를 많이 한다. 또한 서로에게서 칭찬거리를 찾게 되었다.
4. 부모님과 친해져서 이젠 친구 같다.
5. 가족이 함께 행동하는 시간이 많아졌다.
6. 부모님의 말투가 부드러워졌다.
7. 서로 자랑스러워한다.

감동 에피소드

날짜	10월 4일 금요일 (7번째)	학년 반 번 이름 : 000
칭찬의 상황은?	엄마아빠랑 손 잡고 백화점 갈 때	
칭찬한 말은?	"아빠, 손이 이렇게 거칠어질 정도로 열심히 해주셔서 감사해요."	
부모님의 반응은?	살짝 볼을 꼬집었다.	
오늘 칭찬활동에 대한 나의 생각은?	계속 칭찬을 해서 부모님의 반응을 살펴봐야겠다.	

아빠의 존재 가치를 알아주고 힘들게 일하시는 것을 알아주는 딸의 칭찬 한 마디는 그 어떤 효도보다도 더 소중해 보인다. 주변 여건만 되었으면 살짝 볼을 꼬집는 것이 아니라 꼭 껴안고 사랑스런 딸에게 고맙다고 표현했을 것이다.

날짜	10월 15일 화요일 (19번째)	학년 반 번 이름 : 000
칭찬의 상황은?	학원에서 집에 와 보니 부모님 모두 주무시고 계셨다.	
칭찬한 말은?	얼마나 열심히 하셨으면 곯아 떨어지셨을까. 엄마아빠의 열정적인 모습이 좋아요.	
부모님의 반응은?	그냥 주무신다.	
오늘 칭찬활동에 대한 나의 생각은?	나도 오늘은 피곤한데 숙제 때문에…. 빨리 자고 싶다. 언제 한번 부모님께 안마를 해 드려야겠다.	

그냥 주무신 부모님의 모습 때문에 자녀의 칭찬이 더욱 빛났고 부모를 사랑하는 애틋한 마음을 읽게 된다. 누가 이 아이를 철없는 중1 소녀라고 하겠는가? 이렇게 예쁘게 자란 자녀를 보면 부모는 이미 효도를 다 받았다고 생각할지 모른다.

재미 에피소드

날짜	9월 13일 금요일 (3번째)	학년 반 번 이름 : 000
칭찬의 상황은?	아침에 일어나 요리하시는 어머니께	
칭찬한 말은?	일찍 일어나서 요리하는 모습이 보기 좋아요.	
부모님의 반응은?	잠 덜 깼니?	
오늘 칭찬활동에 대한 나의 생각은?	내가 칭찬을 얼마나 안했으면 -.-;;	

날짜	9월 15일 일요일 (3번째)	학년 반 번 이름 : 000
칭찬의 상황은?	내가 학원에 가려고 현관 앞에 서있고, 엄마는 나를 마중하러 나와 계셨을때	
칭찬한 말은?	"엄마! 엄마가 학원에 보내주셔서 이렇게 공부를 잘하게 됐어. 고마워!"	
부모님의 반응은?	"야, 이 지지배야 니가 뭘 공부를 잘해? 반에서 x등 하는게 잘하는거냐? 어?!" (이후 계속 잔소리 ㅠ.ㅠ)	
오늘 칭찬활동에 대한 나의 생각은?	말 한번 잘못 했다가 욕만 먹었다 -.- 다음부터는 칭찬을 솔직하게 해야겠다.	

소감문 쓰기

칭찬일기 프로그램이 끝나면 소감을 쓰기로 하였다. 소감문을 쓰는데 부담이 되지 않도록 간단히 쓰되, 특히 기억에 남는 것을 쓰도록 하였다.

|사례 1| 칭찬활동을 하면서 정말 많은 것이 변한 것 같다. 물론 물질적인 것보다 보이지 않는 보상이 더 값졌다. 가정의 소중함, 화목함, 행복함….

처음에는 칭찬을 부끄러운 것이라 생각했다. 하지만 계속 하다 보니 가족끼리 너무 무관심했다는 것이 느껴졌고, 그 무관심을 깨기 위해 난 칭찬을 많이 했던 것 같다. 그 결과 가족들이 서로의 마음을 조금씩 열게 되었다. 이 활동을 통해서 많은 것을 느꼈지만 그 중에서도 가정의 소중함을 새롭게 알게 된 것이 가장 기쁘다. 기회가 있다면 또 했으면 좋겠다.

|사례 2| 처음 시작할 때는 이런 걸 어떻게 하나 하고 자신감이 없었지만 첫 칭찬의 말을 한 이후부터는 자신감이 생겨 집안 분위기를 바꿔놓을 수 있었다. 그런 말들을 하기 위해서는 엄청난 부끄럼을 극복해야 했고 표현 방법에 대한 엄청난 고민이 뒤따라야 했다. 하지만 이것 역시 점점 해보면서 쉽게 극복할 수 있었다.

요즘 부모님의 안색이 좋아 보인다. 앞으로도 칭찬 많이 해서 더욱 화목한 가정을 만들어야겠다. 이번 기회에 우리 집 강아지도 칭찬해보고 싶다.

부모님의 편지

학생들은 모두 작성한 칭찬일기를 부모님께 보여 드린 후 부모님께 받은 편지를 봉하여 제출하였다. 칭찬활동 결과를 분석하여 학생들과 수업에 참석한 부모님들께 공개하였고, 봉해서 제출한 부모님의 편지는 부모님이 직접 자녀에게 읽어주었다. 부모님이 수업에 참석해서 자녀에게 직접 편지를 읽어줄 때의 감동은 예상 이상이었다. 부모님이 읽어주시는 편지를 들으면서 그 사랑에 감격하여 학급 전체가 눈물을 흘리는 모습을 볼 수 있었다.

|사례| 아들아!

칭찬일기를 읽어 보니 네가 너무 의젓해 보여 엄마 가슴이 뿌듯하구나. 너무나 훌륭한 과제물을 내주신 선생님께 감사를 드려야겠다. 네가 그동안 칭찬할 만한 행동들을 많이 한 것이 다 이유가 있었구나.

아들아! 엄마아빠를 사랑해줘서 너무나 고마워. 얼마 전에 아빠의 건강을 위해서 담배를 끊었으면 좋겠다는 너의 말에 감동한 아빠가 담배를 끊은 일과, 엄마가 아픈 것이 마음에 걸려서 학교 수업이 잘 되지 않았다는 말을 들었을 때는 너무나 행복했단다.

칭찬일기를 쓰면서 얼마나 쑥스러웠니? 엄마는 네가 철들었다고 마음으로만 생각했을 뿐인데…. 네가 노력한 만큼 엄마아빠도 노력하마. 그동안 너에게 칭찬도 인색했고, 네 생각보다는 엄마 생각을 따라주었으면 했던 내가 부끄럽고 미안하구나. 엄마가 마지막으로 하고 싶은 말은 네가 계속해서 칭찬을 해줬으면 좋겠다는 거야.

물론…, 엄마아빠도 같이.

아들아! 사랑한다.

안타까웠던 사연들

1. 직장이나 가게 때문에 부모님이 멀리 계셔서 칭찬을 하기가 너무 어려웠던 학생
2. 부모님이 이혼하시거나 별거하셔서 칭찬하기 힘들었던 학생
3. 칭찬을 하기에는 부모님이 너무 못하셔서 뭐라고 칭찬해야 할지 모르던 학생
4. 칭찬하려고 해도 도저히 입이 떨어지지 않는다며 울던 학생
5. 칭찬 표현이 서툴러서 칭찬할 때마다 핀잔을 듣고 힘들어 하던 학생

교사로서 보람과 행복을 느꼈던 순간

1. 칭찬일기를 쓰면서 부모님을 진지하게 생각하는 아이들의 예쁜 모습들을 상상할 때
2. 행복한 가정을 만들어주셔서 고맙다고 부모님들이 편지를 쓰셨을 때
3. 앞으로는 더 열심히 칭찬하겠다고 다짐하는 아이들의 소감문을 읽을 때
4. 어른이 되어서도 자녀를 칭찬하고 있을 아이들을 상상할 때
5. 비록 수행평가의 압력은 있었지만 끝까지 선생님의 말을 믿고 따라준 아이들이 고마울 때

칭찬일기가 우리에게 준 것들

이상의 칭찬활동 결과를 종합하여 정리하면 다음과 같다.

첫째, 부모님의 장점이 보이고, 마음이 보이고, 습관과 버릇을 알게 되고, 부모님의 말씀에 더 주의를 기울이다 보니 부모님이 이해되기 시작했다.

둘째, 부모님께 말대꾸하고 신경질 부리고 소리 지르고 문을 '꽝' 하고 닫는 행동들이 없어지고, 사근사근하게 진심으로 부모님을 대하게 되고 존댓말도 쓰게 되고, 그래서 부모님께 만족하게 되었다.

셋째, 가족이 함께 대화하고, 함께 행동하고, 서로에게 관심과 배려를 베푸는 게 많아졌다. 전에는 몰랐는데 가족이 모두 나를 위하는 것 같아 가족이 소중해지고 가정의 소속감과 화목함을 더 느끼게 되었다.

넷째, 부모님께서도 유머 감각을 발휘하기 시작하셨고, 말투도 부드러워지셨고, 화가 났을 때 잘 참아주신다. 자녀들의 칭찬이 너무너무 기뻐서 자녀들에게 여러 가지 선물도 사주셨다.

이렇게 칭찬은 자녀와 부모들의 행동에 많은 영향을 주었다. 자녀들은 칭찬을 통해 부모와 가정의 존재, 부모의 마음과 삶의 모습들을 긍정적으로 인정할 수 있었고, 이를 통해 부모의 에너지를 가정과 자녀에게로 돌리게 했다.

"칭찬일기를 전국의 모든 학교가 시행했으면 하는 바람과
더 나아가서는 이 활동이 생활화되고 서로 칭찬하며 이해해주고 서로를 지켜봐주는
부모님과 자녀가 되었으면 좋겠다. 칭찬이 생활화되는 그 날이 오기를 바란다."

-어느 학생의 '칭찬일기' 중에서